高学歴ワーキングプア

「フリーター生産工場」としての大学院

水月昭道

光文社新書

はじめに

この国で、「ワーキングプア」の存在が注目を集め始めて数年になる。私の知り合いの非常勤講師（三三歳）は、今、月収一五万円で生活する日々を送っている。非常勤講師をしてもらえるバイト代だけではとうてい足りないので、他にもコンビニでバイトをしている。

学生時代から住むアパートの家賃は四万円。残った一一万円で、食費や携帯電話代、光熱費、大学の講義などで必要となる文献や資料代等をやりくりしている。当然、手元に残るお金はまったくない。

毎月二〇日と少し働いて一五万円程のお金を稼ぎ、一カ月が終わる頃にはすべてなくなる。そんな生活が、ここ二年ほど続いている。

彼女は一昨年、地方私立大学の大学院博士課程を修了して「博士号」を取得した。だが、〝博士〟になっても、正規雇用としての教員のポストはまったく見つからず、バイトを複数こなして食いつなぐ日々である。

「あと何年、こんな生活をしなければいけないのかなぁ」

会うたびに繰り返される彼女の口癖だ。彼女は正規の大学教員となって、こうした生活から抜け出したいと密かに願っているが、実はその可能性はまったくない。

現在、大学院博士課程を修了した人たちの就職率は、おおむね五〇％程度と考えていい。学歴構造の頂点まで到達したといってもよいであろうこれらの人たち。だが、その二人に一人は定職に就けず、〝フリーター〟などの非正規雇用者としての労働に従事している。

こうしたフリーター博士や博士候補が、毎年五千名ほど追加され続けているのが、日本の高等教育における〝今〟なのである。その生産現場は、もちろん「大学院」だ。

「博士」と呼ばれる人たちで、現在、正規雇用にない者（つまり、フリーター）の数は、すでに一万二〇〇〇人以上。一方で、大学院生の数は戦後最大となり、昨年には二六万人を突破した。

わずか二〇年前には、七万人であったことを考えると、これは驚異的な成長率である。

「大学院重点化計画」における院生増産が、文部科学省の主導によって〝計画的に〟達成された結果である。計画の先鞭をつけるためにそのお先棒を担《かつ》いだのは、文科省との太いパイプを持つ東京大学法学部であった。両者による〝謀《はかりごと》〟は、少子化の兆しがハッキリと見え始めた平成三（一九九一）年に企《くわだ》てられた。

それまで、短大や大学への進学者数は、極めて順調な成長路線を歩んできた。だが、一転して、今後は急激に減少していく。その勢いは、放置しておけば、大学が潰れていくことが容易に想像できるほどのものだった。

成長減退を経験したことがなかった高等教育の現場が、真っ青になったことは想像に難《かた》くない。大学が潰れれば、教員もあぶれ出す。だが、彼らが慌てふためいた理由は、それだけではなかった。成長路線のなかで維持され続けてきた教員ポストがいきなり減るということは、自学（東大）を修了した院生や同系学閥教員の〝派遣先〟がなくなることをも意味していたからだ。

大学（東大）が、派遣先というパイを失うのと同様に、いやそれ以上に、文部科学省にとって大学市場の急激な縮小は、それまで築き上げてきた自らの権益（各種補助金や天下り先）も急速かつ大幅に縮減することを意味した。いうまでもなく、文部科学省という中央官庁は、〝少子高齢化〟という日本がかつて経験したことのないメガトレンドを正面から受けねばならない組織である。一八歳人口の急減という、当時高等教育市場で起ころうとしていたツナミの第一波は、そこに生きる者たちを戦慄《せんりつ》させた。

「既得権を守らねばならない」

支配者たちの瞳に鈍くどす黒い光が輝いた瞬間だった。

自らの牙城《がじょう》を守るためには、喰われる者の存在が欠かせない。〝若者〟は、こうして無惨にも、既得権者たちのエサとされることが決定された。

一度方針が決定すれば、あとは実行あるのみだ。こうして、次から次へと大学院生は養殖され続けた。一八歳人口が減少する第一歩を刻んだ平成三（一九九一）年から一六年が経った今、短大や大学への進学者は予測された通りに激減した。だが、大学院だけは逆となった。少子化などどこ吹く風とばかりに、院生は大量に増殖した。

短大と大学、そして大学院をあわせた進学者数に注目すると、平成三年に比べ、今では減るどころかわずかながら増えているのである。つまり、高等教育市場は、少子化という逆風が吹くなかでも、なぜか安定した成長が続いているのである。

自然の理に逆らうようなこんなパラドックスが続けば、どこかに歪《ゆが》みが生じることは火を見るより明らかだ。大量増産された博士たちは、行き場を失い瀕死の状態で世間をさまよい続けている。そして、高等教育現場における教員市場は、〝超〟のつく買い手市場となっている。

その足下を見透かすように、大学教員市場では非人間的な雇用がまかり通っている。冒頭に紹介した私の友人が、なぜ年収二〇〇万円に満たないバイト先生生活を余儀なくされているのか、そのウラにある理不尽な構造の一端が垣間見えてきたのではないだろうか。もし、彼女が正規雇用によって専任教員となれば、年収は六〇〇万円にふくれあがる。それに伴う年間経費も、百万単位で増えるだろう。だが、非正規雇用であれば、それは必要ない。これで年間五百万以上の金が浮くわけである。

二〇年で一億円以上。彼女が本来手にするはずだったお金は、一体どこに消えていったのであろうか。こうして、搾取され、誰かのために損をし続ける立場の者が大量発生している。

損をしているのは何もこうしたバイト先生だけではない。

教育を受ける学生やその親御さんも、また、損をしているはずだ。なにせ、大学の授業の大半は、実はこうしたバイト先生が担当しているのだ。大学に正規に所属する教員の授業と、不安定な立場でコピー代まで自己負担するアルバイトの先生による講義。教育現場において、どちらが理想的な環境であるか、その答えは明白だろう。

市民とて大損をしている。大量の税金により育てられたはずの「博士」が、有効に活用されることなく、フリーターとして人材廃棄場にただ捨ておかれているのだから。何のために、市民の大事なお金が使われたのか。結局、得をしているのは誰なのか。

　成長減退期にでき上がったパラレル・ワールド。わが国の高等教育環境が崩壊の危機に瀕している一方で、高等教育市場を牛耳《ぎゅうじ》る者たちにとってのみ、理想的な安定市場が維持され続けているという矛盾。

　一体何がどうなって、こんなことになったのか。本書では、そのカラクリを解き明かす。鬼に食われ続ける若者とその両親の姿なぞ、もう見たくはない。高等教育現場の歪みに巣くうように出現してしまった「地獄」。本書がそこに降りる一本の糸になれるとしたら望外の喜びである。

目次

編集協力　福井信彦

第1章　高学歴ワーキングプアの生産工程

博士卒・三〇歳・フリーターの始まり

〝〇・〇二四％〟。これは、平成一六（二〇〇四）年九月時点の日本における〝自殺者〟の割合だ（WHO発表）。

〝一一・四五％〟。これは、同じ年に文科省（文部科学省）から発表された、日本の大学院博士課程修了者の〝死亡・不詳の者〟の割合である。

一〇万人あたりの数値に直すと、前者は二四名。後者は一万一四五〇名。

今、大学院博士課程を修了した、いわゆる高学歴とされる層に異変が起こっている。自殺者や行方不明者の増加。そして、フリーターや無職者となる博士が激増しているのだ。私の周囲でも、「仕事、見つかりましたか？」が、挨拶代わりとなって久しい。

私自身、任期のない常勤職（専任教員。大学における、いわゆる正社員）を探して三年目になる。だが、今もって先の見通しは立っていない。

ちなみに、私には六名の先輩と五名の後輩がいる。同じ研究室で、同じ指導教官に学んだ人たちで、いずれも博士卒。この内、常勤のポジションを日本で得ているのは、私を含めた全一二名の内たった三名。日本でというのは、他に二名の留学生がいるからだ。この内の一人は、故国に帰ってアッサリと仕事を得た。

ともあれ、同じ研究室を出て、常勤として日本の大学に就職できた人の割合は、二五％という数字になる。残りは、〝フリーター〟などの非正規雇用者として働いている。

こうしたことは、なにも私の出身研究室だけに限った現象ではない。医学や工学といった理系の一部を除いては、どこも、大体似たり寄ったりといった状態なのだ。

〝大学院博士課程修了〟というと、通常最低年齢は二七歳である（とび級進学者は含まない）。大学受験で浪人を経験したり、在学中に留年したり、大学院試験でつまずいたりしたら、あっという間に三〇歳をオーバーする。

三〇歳で博士を修了し、いざ就職しようと周りを見渡してみる。この時、多くの者は、いくら探しても「どこにも仕事などない」ことに気づき、愕然《がくぜん》とするのである。

だが、仕事はなくとも食わねばならぬ。一体、どうすればいいのか。

ほとんどの博士卒にとって、ここが、〝三〇歳からのフリーター〟のスタート地点となる。これが現在、日本の〝大学院博士課程修了者〟の多くが辿る紛《まぎ》れもない道なのだ。

保険も一時金もない。どれだけ長期間勤めても、もらう給与にさしたる変化もない。ボーナスなどとんでもない、いわゆる〝ワーキングプア〟と呼ばれる状態。

ことを指している。業界では、この2つはしっかりと区別（“博士”か、そうでないかという基準で）されている。

ただし、本書のなかでの引用データにおける「大学院博士課程修了者」という項目は、博士課程3年まで終え、大学の所属を離れた人すべてを指している。これは、文科省発表データの取り扱いがそうなっているからだ。そのため、博士号の有無は区別されていない。

博士課程修了者に関する本書文中の表現は、基本的に文科省の使用する表記を踏襲するが、文章の流れ等を考慮して、適宜「博士卒」という表現も用いた。これも、第1段階を終えた人たちすべてを指している（つまり博士候補の段階にとどまる人と、博論を提出し博士号を取得済みの者の両方を含む）。博士号の有無は、ここでは問題にしていない。その区別をする必要があるときには、本文中で表すこととした。

再整理しておくと、「博士号」を持っている人が“博士”。持たない人は、“博士ではない”。両者共に、博士課程を出たとしても、博論提出の有無により、こうした違いが生ずるのである。

今、日本において〝博士卒者〟たちが、ココへの新たな定住者として確実に仲間入りし始めている。「高学歴ワーキングプア」これが彼らの実態である。

もはや終わった「末は博士か大臣か」

「末は博士か大臣か」という言葉がある。

昭和の時代、この言葉には、明確に尊敬の念が込められていたように思う。当時は、「博士」も「大臣」も、その社会的地位は今よりはるかに高かったはずだ。正真正銘の〝ス

コラム１　大学院博士課程修了と博士号の関係

大学院博士課程では、「卒業」という言葉は基本的に使わない。「修了」という表現が一般的だ。つまり、博士課程の所定年限を経て所定単位（実質ほとんどないが）を取得する。ここまでを第１段階と考えてもらえるとわかりやすい。この段階では、まだ「修了」とはならない。なぜなら、博士論文が提出されていないからだ。

第１段階に加え、博士論文が提出されれば、無事、「修了」となる。ただし、提出された論文が審査に合格することが必須である。むろん、合格しない場合も多々あるし、それ以前に、論文提出のための内規をパスできないことも多い。

博論（博士論文の略）が、論文審査に合格すれば、めでたく「博士号」が授与される（大変立派な賞状を賜ります)。ここまで来ると「修了」となる。

では、第１段階で止まってしまったら何というか。これが、「単位取得退学」と呼ばれているものだ。つまり、博論を提出しておらず、博士号を授与されずに、博士課程を終えた場合の

テータスあるポジション〃だったのだ。

人びとの尊敬を集める理由には、「簡単になれるものではない」ということもあっただろう。どちらも、望んだからといって、手が届くような代物ではないからだ。一族の中から、このどちらかが出ようものなら、それは最高の誉《ほま》れとなったはずだ。この言葉が子どもに向けられるときには、「博士」や「大臣」のような〃立派な人〃になってほしいという願いも含まれていただろう。

昭和の初期には、まだ、大卒者が「学士様」と崇《あが》められていたのであ

る。とすれば、この時代、「博士」は、「神様」の領域だったのではないか。かつて、このように、「博士」がキラキラと輝いていた時代が、たしかにあったのだ。

こんな時代であるから、世間に「あの人は○○博士だ」と知れたとすると、周囲の態度ががらりと変わったということもあっただろうし、呼び方が「先生」と変わることも珍しくなかったようだ。このように、博士と先生は、同一の線上にきちんとつながっていたのである。

だが、時代が移り平成となった今、「博士＝先生」という構図は、もはや成立することのほうが珍しくなった。平成の世では、「博士＝フリーター」だからである。尊敬の念などこに湧くというのか。

溢れかえる博士卒

一体どうして、このような事態が生じてしまったのか。経緯を追ってみたい。

現在、大学院全体の在学者総数は約二六万一〇〇〇人（内、女子七万九〇〇〇人）となっている（平成一八〈二〇〇六〉年度、学校基本調査速報）。過去最高の数字だという。ちなみに、昭和六〇（一九八五）年は約七万人。約二〇年で、四倍近いアップを果たしたことになる。

なぜ、こんなに人数が増えたのだろう。大学を出て、さらにその上の大学院にまで進学したいという〝勉強熱心な人〟が、世の中に増えているということなのか。否《いな》、事実はそうではない。この異常な増加は、自然発生的なものではないからだ。

今から一〇年前、文部省（現・文部科学省）から発行された「進む大学改革　パンフレット（平成八〈一九九六〉年版）」には、すでに次のような文言が見える。

「大学院学生数は着実に増加していますが、国際的にみるといまだ十分な水準とはいえません」

当時の大学院在籍者数は、すでに一五万人超。にもかかわらず、文部省は「まだ十分ではない」といっている。それに応《こた》えるかのように、そこから現在までの一〇年で、院生の総数は約一〇万人も追加された。そして、まだその動きにストップがかかる気配はない。これを見る限り、大学院生は、政策的な課題として「産めよ増やせよ」という方向で急激に増やされ続けていることがわかる。

では、こうした院生増産計画のはじまりはどこにあり、なぜスタートすることとなったのか。

これは、平成三（一九九一）年に、文部省が大学審議会からの提言を踏まえて打ち出した「大学設置基準等の改正」が直接的にはかかわっている。ここで、大学改革の方向性として三つの方針が示されたのだ。

それが、「教育機能の強化」「世界的水準の教育研究の推進」「豊富な生涯学習機会の提供」の三つ。この内、大学院重点化に直結しているものが、二番目の「世界的水準の教育研究の推進」というものだ。

その目的は次の通り。

「世界をリードするような研究を推進するとともに、優れた研究者や高度の専門能力を持った職業人を養成するための拠点として、大学院を充実強化していくことです」

これが、大学院生増産計画の「はじまりと目的」である。

計画は予定通りに進み、その結果は冒頭に挙げた二六万人余りもの大学院在学者数へとつながっている。さすが官僚、大成功である。だが、ある疑問が頭をもたげてくる。

増産によって上積みされた大学院生や卒業生たちは、社会のどこに吸収されていったのか？（二〇年前に比べて約一九万人も増えている）

そもそも社会は、大学院卒という人間をどれほど必要としているのか？（院にいくと就職できないという話は昔からあった）

膨大な数の院生は、それぞれが自主的に進学を決めたのか？（政策課題ということであれば、

集められたということも考えられる)

今、社会のなかに「高学歴ワーキングプア」と呼ばれる層が、急増している。実はその原因こそが、そのまま、これらの疑問に対する解答なのだ。本書では、この疑問と解答の間に隠されている問題の本質をひもといていく。

さて、もう一度博士卒の数に目を戻してみる。

平成一八(二〇〇六)年度の博士課程修了者数は、一万五九六六名。もちろん過去最高だ。その内、「死亡・不詳の者」、一四七一名(九・二%)。つまり、博士卒の約一割は、社会との接点が確認されることなく姿が消えているのだ。

とくに私の出身である人文・社会科学の分野では、修了者二六〇一人中「死亡・不詳の者」は四九五名(一九%)となっている。ちなみに、就職者は八九七名(三五%)。まさに絶望的な数字だ。

では、博士全体ではどうか。約一万六〇〇〇人の修了者の内、就職者九一四七名(五七%)。これは人文・社会学系に比べると随分マシではあるが、やはり絶対的に低い数値には違いない。要するに、博士卒の約四割は常勤の職を持たずに巷《ちまた》をさまよっているのである。しかも、分野によっては、六五%の人が行き場を失っている。

だが、こうした数値にも、実はマジックが仕込まれている。医学や薬学など、修了が仕事と直結している者たちも含まれているからだ。これらを除くと、就職率は五〇%に急落。これが、医歯薬系を除く、文系・理系をあわせた平均的数値である。このなかで、さらに系統によって大きな差が生じている。とくに人文・社会学系は危機的状況だ。

「優れた研究者や高度の専門能力を持った〝職業人〟を養成するため」に、大学院生増産の計画は立てられたはずであった。

だが、その計画が達成されたことで、結果的には、母体集団に対して異常な割合で膨大な数の「無職人・自殺者・行方不明者」を生み出すという、悲惨な状況を招いているのだ。これは一体、なんの皮肉なのだろうか。

大学院重点化の前と後

計画達成の裏に一体何があったのか。大学院重点化の前と後に注目してみたい。

重点化前、「大学」と「大学院」の関係は、(学部を有する)大学が〝主〟で大学院は〝おまけ〟というような形であった。旧帝大を中心とする、いわゆる研究大学における標準的位置づけでは、多くの権限は学部を有する〝大学〟にあり、教員の所属も○○大学○○学部教授というように〝学部〟であった。大学の本体は、あくまでも学部を有する〝大学〟にあって、〝大学院〟の存在は、その上に〝付属的〟に位置するという形だったのだ。

ところが、重点化後には、多くの権限が大学院にシフトしていく。これにより教員も、○○大学大学院教授、というように学部所属ではなく大学院の所属となった。そして、学部の位置づけは大学院の下という認識となった。

つまり、本丸が、大学（学部）から大学院へとシフトしたということだ。

こうした重点化の動きを最初に起こしたのが、東大法学部であった。学部の全教官を大学院の教官へとシフトして大講座制（一つの講座に専門を異とする数名の教官が配置され、その教官らが緊密に連絡をとりながら講座を運営していく制度）を敷くとともに、大学院の教官が学部教育を兼任するという形式を整えたのだった。

要するに、東大法学部は、文部省に対して、「ウチの大学院重点化はこのようにやってみました」という模範解答を作ってみせたわけだ。すると、文部省からは、「当局が政策として推し進めようとしている〝大学院重点化〟に合致してます」ということで、「予算二五％増」のプレゼントを贈られている。

この他、初年度（学部入学時・修士および博士入学時）は、入学金（学部・大学院共に約28万円。国立・私立も同程度）が発生する。大学院博士入学金については、自学出身者は無料だが、他学出身者は必要となる。また、私立では施設費・実習費・諸会費（この3つで、約35万円程度）が毎年発生する。

医学部や法科大学院は金額のレヴェルが違い、この範囲ではない。

現在では、博士一貫コースとして、最初から5年間の教育システムが設定されているところも増えている。その場合、修士課程は、「博士前期課程」という呼称が用いられる。この場合、博士課程への進学に際しての試験はない。つまり、最初の院試で合格するだけでよい。もちろん、博士進学の際の入学金は免除される。

大学院重点化政策とは、単純化していえば、「大学院の教育課程や教育条件の改善・改革を行った大学には、予算を二五％増してあげましょう」という、文部省からのお達しでもあった。これに対して東大法学部は、真っ先にアイデアを出し、予算をゲットしたのである。

これを見た、東大内の他の学部や旧帝大（旧帝国大学の略称で、東京大学、京都大学、大阪大学、名古屋大学、東北大学、北海道大学、九州大学の七大学を指す）は、予算獲得を目指し我も我もと動いていくこととなった。

なんとしてでも、文科省から「おたくの重点化案は大変よろしい」というお墨付きがほしい。その切実な想いが、文科省の顔色を窺

コラム２　大学院の進学システムについて

通常のコースは次の通り。

学部（4年間）→修士課程（2年間）→博士課程（3年間）

もちろん落第などすれば、卒業が延びることは言うまでもない。その最大期間は、学部（8年まで）、修士（4年まで）、博士（6年まで）。ただし、休学はこの内に含まれまい。

それぞれの節目では、次のような入試がある。

（大学入試）学部→（院試）修士課程→（院試）博士課程

なお、学費は以下の通り。

○国立の場合　学部（約54万円／年）
　　　　　　　大学院（約54万円／年）
●私立の場合　学部（約100万円前後／年）
　　　　　　　大学院・文系（約50万―100万円超／年）
　　　　　　　大学院・理系（約70万―100万円超／年）

う態度へとつながっていく。そして、その〝お墨付き〟を得る前提は、「定員数を確保すること」にあった。

自学の大学院〝重点化〟を是が非でも成功させたいという願いは、各大学になりふり構わぬ態度を取らせていった。定員に満たない場合は、二次募集を行ったり、社会人のリクルートを行ったりするということが、もはや当たり前の光景となっていったのだ。こうして、大量の大学院生が生み出されるシステムの基礎が構築されていくこととなった。

研究大学以外の苦しい院生確保事情

その大学院生の多くは、〝研究大学〟と称される旧七帝大と東工大・筑波大・一橋大・

神戸大・広島大、私立では早稲田・慶応などの大学を中心として生産されている。すでに平成一〇（一九九八）年には、東大の入学者三四〇〇名、大学院入学者三七〇〇名と、院と学部が逆転するほどに院生数が増えている。もちろん、どの大学も大学院〝重点化〟は完了している。

これらの研究大学では、当然大学院を戦略的に使った大学運営が意欲的に行われている。法科大学院や臨床心理系の専門職大学院などの設置である。大学院での学習が、資格試験に直結しているというわかりやすさに加え、社会人にも広く門戸《もんこ》が開かれているというのがその特徴だ。

資格取得や、スキルアップ、ステップアップへのキャリアパスを目指す社会人にとっては、それまでも、ＭＢＡ（経営学修士号）の取得などといった道筋があった。それらに加え、司法試験合格者、臨床心理士、会計専門、福祉専門など、広くさまざまな分野における専門職業人養成のための大学院が設置され始めたのである。

これらは、お客となる大学院生予備軍の頭のなかに、ハッキリとしたイメージ――大学院に通うことで得られるメリット――を構築させやすい形態の大学院であるともいえる。そのため、学生が集まりやすい。目的に特化した教育を行う、こうした大学院に対する社会からの期待は、現実的にも非常に高い。おかげで大学院の募集枠も増やすことができる。そして、募集枠が広がれば、文科省からの助成金もより多く落ちてくる。こうして、研究大学は、大学院重点化政策を利用する形で、運営資金を得るための多くの魅力的な戦略を立案するチャンスを得たのである。

だが、金が流れるということは、当然、その流れも厳しく監視されることになる。計画に沿った運営が達成されているかということがチェックされるのだ。とくに、計画通りの定員数を満たしているかは、助成金の不正受給をしていないかという点も含めてチェックの重要な対象となる。ここでも、定員数の〝正常化〟が厳しく求められることとなった。

だが、すでに〝重点化〟も終え、社会へのアピールも十分に行ってきた研究大学にとって、もはや定員数確保は憂うべき問題ではなくなっていた。他大学出身者が、大学院でのステップアップを狙い、殺到するという運にも恵まれていた。

一方、そこに入らない大学院にとっては、これが大きな負担となった。せっかく育てた学生が、大学院では皆、〝研究大学〟に吸い上げられてしまうからだ。実はこのことが、高学歴ワーキングプアになることを余儀なくされる層を生み出す悲劇を引き起こす、最初の呼び水となった。

ここでも割をくう〝ロスジェネ〟

かつて、大学院進学の決定は、学生本人の自発的意志によっていた。学部の四年を卒業してもなお、「大学に残りたい」という者だけが、大学院へと進学していったのだ。

関西の私立大学に勤める山下教授（仮名。以下モデルとなる人名は原則として仮名）は、自身が大学院に進学したときのことについてこう振り返る。

「当時、民間に就職したくなくて、大学に残ろうと思いました。少しかっこつけていうと、もっと勉強したかったということかな。自分の先輩も後輩も、同じような感じだったと思います。誰かに誘われたからというようなことはなかったと思いますよ」

重点化前の大学院は、組織として実質的にはあまり重要視されていなかった。なので、大学院入学者定員についても、取り立てて問題になることもなかった。実際は、どこも定員割れという状況だったにもかかわらず。

つまり、「来たい人だけ来てください」というのが、当時の大学院のスタイルであり、それは研究大学であっても同じだった。だが、そんな牧歌的な状況も、重点化後は一変することとなった。定員枠をキッチリと埋めることが求められ始めたからだ。

もともと、大学院に進学しようなどという人たちは、どちらかというと変わり者と見なされ、大学卒業者全体から見ればごく少数派だった。だが、大学院重点化政策では、各大学に設置された入学定員枠を満たすことが求められるから、そんなことも言っていられない。

しかも、ただでさえ進学者は少ないのに、せっかく育てた学生は〝研究大学〟に吸い上げられる。研究大学以外の大学にとって、自発的に進学したいという学生を待つだけでは、もはや、定員を満たすことが不可能なことは明白だった。

では、どうするか。北陸地方の国立大学大学院出身者の加藤さんと青木さんはこういう。

「私の場合、指導教官に誘われたことが最大の理由です。私の出身大学では、大学院進学は少数派で、私自身もはじめから考えていたわけではありません。当時就職が決まらなくてどうしようと悩んでいたところ、指導教員から大学院に誘われたので、そのまま入院（大学院に入ること）しちゃいました」

つまり、もともと大学院に進学する〝つもりのなかった〟人や、若年労働市場の異常な縮小により、〝就職難で困っていた人〟が、ずるずると大学院生になっていたということが起こり始めたのだ。その先には、フリーターという選択肢が待ち受けているとも知らず……。

朝日新聞が命名した〝ロスジェネ〟と呼ばれる当時の若者たち（バブル経済崩壊後の就職氷河

期に社会に出た、現在二五歳から三五歳にあたる人たちが該当するといわれる）は、こんなところでも割をくっていた。

地方国立大学などにおける地道で組織的な、学部生を大学院に引っ張るための一本釣りが繰り返されるなかで、悲劇の主人公を演ずることになる最初の層がこうして誕生していった。

だが、地方国立大学出身者および、そのレヴェルに該当する私立大学出身者には、まだ就職に関しては一抹の希望があった。自学の院が重点化前に設置されていた場合も少なくなかったからだ。つまり、多少でも歴史があるからだ。歴史があればコネも持っているかもしれない（このコネについては四三ページの「植民地化された弱小大学院」で詳述する）。

フリーターになることが、もはや絶対的に避けられないという意味で、「高学歴ワーキングプア」の中核を成すことになる層は、実は、重点化後の私立大学――特に中堅以下――の動きによって形成されている。次に、その点を見ていこう。

その政策は〝渡りに船〟

大学院重点化計画を利用することで、〝大学院を有していなかった〟全国各地の私立大学は、「積年の思いを叶えよう」とした。

彼らは、大学院設置にほのかな期待を寄せていた。それは、実入りのアップが多少望めることもあったかもしれないが、何より大学院を持っているということ自体が、その大学のイメージアップにつながることが大きかった。

ある地方私立女子単科大学の学長は、自学に大学院がないことをこう嘆く。

「うちには大学院がないでしょう。だから、私は何とか開設にこぎつけたいんです。だって、大学院もない大学なんて、ちょっと恥ずかしいでしょう」

小さな大学であればあるほど、大学院を持っていることの意味は大きくなる。大学院を持っているということは、その大学にとってのステータスになるからだ。

ところで、大学運営のための基本収入は、受験生が落としてくれる受験料と在学生の学費である。したがって、自学を受験してくれる学生が多くなるほど、大学は助かる。在学生数にしても同様だ。定員きっちり入ってくれると、とても嬉しいのだ。

だが、これを実現するには、自学のイメージが受験生たちのなかにどのように構築されているかが重要となる。大学院を持っているということは、実はこんなところでもプラスに作用する。

地方の小さな私立大学にとって、「大学院のあるなし」は、経営戦略上の重要なポイントとなる。要するに、化粧と同じだ。見る側に、良いイメージを形作らせることができたら勝ちだ。

こうして、大学院重点化政策は、これらの化粧で表面を繕いたい私立大学にとっては〝渡りに船〟となった。

大学院を新たに設置することや新しい学科や専攻を増やすことは、たとえ私学といえども勝手には行えない。必ず文科省への申請と許可が必要となる。許可を得る必要があるということは、当然ながら、通常は大変困難な道のりを歩むことになる。

しかし、今回の場合、その許可を与えてくれる立場である元締めが、自ら大学院を「作りなさい。増やしなさい」と言ってくれているのだ。通常時に比べれば、かなりやりやすくなるだろうことは、想像に難くない。

こうして、大学院を備えた私立大学が全国津々浦々に広がっていった。その勢いは、いまや、大学院を有していない大学を見つけることのほうが難しくなったと言えるほどだ。私立大学数五四四校中、大学院設置校は三九二で七二％（平成一六〈二〇〇四〉年時点）。

だが同時にそれは、本来〝必要とはしていなかった〟大学にまで、大学院が設置されてしまったことを表す。おそらくそれは、学生にとってはメリットとは言えないだろう。

だが、できてしまったからには、人を入れなければならない。もし入らなければ、文科省の指導が入る。人を入れるためには、工夫が必要となる。さて、どうするか。

本来存在し得なかった院生

地方私立単科大学の大学院に籍を置く西村さんは、自身が大学院博士課程進学を決めるきっかけとなった時のことについてこう語ってくれた。

「最初は、修士を終えて就職を考えていたんです。知っている先生にそのことを相談すると、『君は就職向きじゃない』と言われました。タイミング良く、大学院に博士課程が創設された年だったので、薦《すす》められるままに進学してしまったというのが本音です」

西村さんは、現在、博士三年生。もちろん就職は決まっていない。大学からの就職サポートなどまったくないという。ちなみに、彼に進学を薦めた教授は、退官してすでに大学にはいない。

「博士課程進学の決断は、もちろん最終的には自分で行いました。しかし、信頼している先生からの一言が、決断への大きな後押しとなったことも事実です。就職についても心配ないというような情報を与えられました」

だが今、西村さんは職に就けそうもない局面に立っている。これは、どういうことなのだろう。苦情を訴えてもよさそうに思える。

「もちろん、言いましたよ。だけど、進学したのは自己責任だろうという答えが返ってきたんです」

就職の相談をしにいったら、進学を強く薦められた。その結果、大学院生になったが、大学院を修了する時には、仕事がまったくない状況に直面した。そのことは、自己責任だというのである。心配ないというようなことを、学校側が言っていたにもかかわらず。

「少し、タイミングがよすぎるかな、とは思ったんです。でも、先生の仰《おつしや》ることだし、相談にいった手前、やはりその時、就職しますとは言いづらい雰囲気だったこともありました。今ではやられちゃったかなというのが本音です」

こう聞くと、「何を甘いことを言っているのだ」と思う人もいるだろう。だが、自らが所属する大学の先生の言葉を、頭から疑ってかかる学生がどれほどいるだろう。ましてや、先生が自分たちに不利になるようなことを言うかもしれないなどと、一般学生のどれほどが考えるだろうか。

西村さんは、現在の心境をこう続けた。

「まさかね、引っかけられるとは思いませんでした。でも、考えてみれば大学も経営がありますからね。後輩には自分のようにはなってほしくないですね。これからは、自分の所属している組織であっても疑ってかかることにします。そのほうが、後で裏切られたと感じなくてもいいですからね。先生も組織人として振る舞わざるを得なかったとは思いますが、お互い辛いことですよね」

西村さんのような形で、院生になってしまった者は修士でも博士でも少なくない。そして、ここが問題なのだが、彼のような立場の院生は、本来存在し得なかったということを指摘しておきたい。なぜなら、こうした私立大学では、本来、大学院を必要としていなかったからだ。

そして、この院生になる〝はずがなかった〟層こそが、「高学歴ワーキングプア」への絶対不可避的転落という宿命を背負った存在として、その中核を成すようになるのだ。

ちなみに、西村さんが在学中に支払った学費は、すでに一〇〇〇万円を超えたそうだ。大学にとっては誠に結構な金づるだろう。

院生数に見合わない教員市場

ここで、大学院博士課程卒に対する社会における〝需要〟に目を向けてみたい。まずは、教員市場の実態を取り上げる。

戦後の教員市場が最大となるのは、一九八〇年代後半から九〇年代前半にかけてだ。八〇年代前半は、団塊世代の狭間であり、大学進学率が一旦頭打ちになったが、後半からは第二次ベビーブーマーの対策として各大学では学生の定員増が行われた。それに伴い、教員市場も最大規模を迎えた。もちろん、直後の一八歳人口の急減により市場は急速に冷え込んでいく。

さて、その八〇年代後半に市場規模が大きくなっていたとはいっても、当時の院生にとっては厳しい就職状況だったようである。

昭和六〇（一九八五）年四月二七日付朝日新聞（夕刊）には、「京大で女性博士浪人の調査へ」という見出しが出ている。京大大学院を修了したものの定職がない女性が中心となって、自学院卒の全女性を対象としたアンケート調査を始めるというものだった。

この調査を行うことになった背景が、実に興味深い。それまで彼女たちは、他大学の非常勤講師をしながら糊口《ここう》を凌いでいたのであるが、その口を男性に横取りされるという事態が生じ始めたというのだ。

市場が最大規模といわれる時代にあってさえも、教員への道は弱肉強食の就職戦線であったということだ。さらに前後して、それを裏付けるような記事が続いたので紹介したい。

「〃若い頭脳〃の流出防止に『特別研究員』を新設　月額奨励金を支給」（朝日新聞昭和五九〈一九八四〉年一二月二八日付朝刊）

二一世紀の学術研究を支える優秀な若手研究者を大学につなぎ止めておくため、助手並みの給与（年俸三四〇万円余り）を払うという制度が導入されるという紹介だ。その背景には、教員のポスト不足を理由に、将来への見切りを早い段階からつける院生が後を絶たず、彼ら〃若い頭脳〃は海外や企業に転出しがちであるという問題があった。

この時代においても、教員市場におけるポスト不足とオーバードクター（博士卒無給者）問題はかなりの頭痛の種になっていたようだ。

要するに、日本の教員市場では、現在までずっと、その少ない市場をめぐって壮絶なテリトリー争いが繰り広げられてきた（自学出身者によるポストの占有問題や旧帝大系出身者によるポスト占有率などについては、山野井・浦田・藤村らの研究報告が明るい）。

せいぜい、わずかばかりの交通費が出るくらいだ。その実態は、コンビニなどでのアルバイト形態とまったく変わらない。年金も、国民年金を払い、健康保険証も、国民健康保険証である。１年単位の雇用なので、雇用主が必要なしと思えば、次の年には用済みになる。しかし、大学の講義の多くが、彼ら非常勤講師でまかなわれている事実は意外と知られていない。

意外なことかもしれないが、正社員はバイトとしてこの「非常勤講師」を兼ねることも可能だ。もちろん逆はありえない。「博士研究員（ポスドク）」と「特認○○」は、これに比べれば多少マシだ。各種保険がつく場合が多いからだ。正社員に比べ給料は低い――年俸制で低く固定されボーナスや一時金などはまったくない――が、年金制度に加入できるだけでも、まだマシといえる。ただ、非常に任期が短いのがネック。通常、その任用期間は３年から５年である。期日がくれば、もちろん用済みとなる。多くは、専任に横滑りすることを願い、一応画策をしてみたりするが、ほとんどうまくいかない。

これが現在の私の立場だが、来年で任期が切れる。同じ立場の仲間が何人かいるが、当然のことながら、皆、次のことは何も決まっていない。フリーターの可能性も否定できない。もはや、開き直っている。

テリトリーをめぐる悲哀

さて、その教員ポストをめぐる現代の就職戦線も、いくら就職がないとはいってても、まったくないわけではなかった。では、就職に成功した者と不成功に終わった者との間には、一体どんな差があるというのだろうか。

私の知り合いの研究者が、〝専任講師〟を獲得したときの話をしたい。少数派の勝ち組に、彼や彼女はどうやって入ったのか。

コラム3　大学教員の職階

エラい順に次の通り。

教授 → 助教授 → 講師 → 助手

平成19（2007）年度から一部呼称が変化し、現在の職階は正確には次の通り。

教授 → 准教授 → 講師 → 助教

専任教員とは、基本的にこの職階に属する人たちを指す。一般社会でいう、いわゆる「正社員」のことである。ボーナス・一時金・各種保険・夏季・冬季休暇付き。その他、個室・各種経費もバッチリ。かつ終身雇用が保障されている。

表向き任期制度が取り入れられたりする風潮もなきにしもあらずだが、「再任を妨げない」ので、任期は実質ない。

ただし、助手（助教）だけは、ちょっと異なる。立場が弱い助手は、何かあればすぐに首を切られる。それを防ぐために、各大学には「助手会」なる組織がある。この助手会がきちんと機能していれば、助手にも終身雇用が成立しているとみてよい。

非正社員の役職としては、非常勤講師、博士研究員（ポスドク＝62ページ参照）、特任○○などが代表的だ。

このなかで、最も悲惨なのが非常勤講師。彼らは、基本的に時給計算扱いのバイト先生である。各種保険など、当然ない。

谷村さんは、私より少し下の世代の研究者であった。面白い論文を発表する人物であったし、能力的に非常に優れているのは間違いなかった。彼が博士課程在学中の時、卒業後の進路について話したことがある。そのとき、谷村さんは「まったく不明です」といっていた。だが、それから一年半後。彼から次のような連絡が入った。

「就職しました。○○大学の講師になりました」

とくに気に入ったところがあれば、そこの院試を受ける。それに無事合格すれば、入研となる。

試験は、過去の問題にきちんとあたっていれば、おおむね大丈夫だと考えていいが、一般的に英語のハードルは高い（大学院では、英語文献・論文を使う頻度が非常に高いため）。院試のレヴェルについては、大学間で異なるので注意が必要だ。また、人数制限があるので、人気研究室はかなりの数の浪人生が出る。この場合、研究生をして次年度の試験に臨むことになる。

つまり、偏差値上位の大学で、かつ人気の高い研究室であればあるほど、ハードルは高くなるのである。

ちなみに、大学院自体に進学することは、入院（院に入るから）という言葉でよく語られる（娑婆から離れた"入院"生活という意味の皮肉もこもっている）。


その時、私は某大学の非常勤講師をしながらのフリーター生活者であった。すでに公募（大学教員募集のための公の告知。教員が必要となった大学によって出される。教員を目指す者は、ここへの書類提出が必須）へも相当数の応募をしていたが、すべてダメだった。驚いた私は、彼に何度で通過したか聞いてみた。

一度だった。

ちなみに、彼はT大学大学院卒だ、などということは、ここでは言わない。ただ、就職に強い大学があるということだけわかってもらえればよいのである。

博士卒が就職先を探す場合、重要なことが二点ある。まず、出身大学。次に、出身研究室。どんな組織の中にも、力関係が存在する。とす

コラム4　研究室に入る（入研の）仕組み

　大学院では、自らがどこの研究室に所属しているかが重要となる。学部生は、〇〇大学の学生と見られるのが一般的だが、院生は“あの先生”の研究室の学生という目で見られる。

　それは、教育システムの問題とかかわっている。大学院では、論文を書くことが重要となる。その指導に直接かかわるのが、指導教官（教授）である。つまり、研究室のボスが教育的に果たす役割の比重が重くなるのである。いわゆる徒弟制といってもよいかもしれない。

　自分が、どのボスの子分になるか。これを決定することを、入研という。その選択は、自分が将来にわたってかかわりたいと考える研究を、最先端で行っている教授のなかから選ぶ。

　最初は、いくつか目星をつけ、研究室訪問を行う。そして、

れば、組織の意思決定に多大な影響力を持つ勢力に縁故があることは、非常に重要なことだ。同じ大学や研究室の先輩が、就職しようとする大学にいるか、いないか。このことは、彼が専任教員になれるか、それとも無職者に終わるか、ということを左右しかねないのだ。とくに、大半が無職博士となるご時世である。だからこその、〝ご縁〟頼みだ。厳しい時代、苦しい環境だからこそ、仲間内の結束がものをいう。

　こうしたテリトリーは、確実に存在する。だが、テリトリーは、その性格上そこに入らないものをはじき出す構造をもつ。食い扶持《ぶち》がかかっているのだから、その構造はさらにシビアになるのは言うまでもない。これが、日本全国津々浦々の大学で展開されると、それはさなが

大学院（博士）は、受講を課される講義は実質的にない。自分の研究をやる毎日。学部の４年生や修士課程の院生の面倒は見る必要がある。指導教官の指示の下、調査や分析といった作業をこなす日々。指導教官授業時には、アシスタントとして働く。学会での発表や、学会誌への論文投稿が最も重要な仕事。国際学会であれば、なお良し。博士論文の提出をもって、修了となる。ただし、内規をパスすることができず、論文提出まで行き着けない場合も多い。その場合、単位取得退学ということになる。

ら国盗り合戦の様相を呈すのである。こうなると、元々力の強い者がますます有利になってくる。

坂田さんは、旧帝国大学の出身者である。博士課程に在籍して五年目となったある日、天の声が降りてきたそうだ。

「日本の南のほうに空きが出たといわれました。名前を聞いた時は、とても小さな大学だったのでどうしようかと迷ったのですが、次に常勤のポストがまわってくるのはいつになるかわからなかったので、決めました」

その大学に「派遣」される教員は、代々坂田さんの属する大学からという「伝統」があった。

坂田さんは言う。

「待っていれば、そのうちまわってくるとは思ってました」

先の西村さんが、まったく就職の展望が見えないのと

コラム5　大学・大学院での生活の仕方

大学では講義を受けて、期末には試験を受ける。そして、所定の単位をとれれば卒業。

大学院（修士）も、単位取得が重要。学部時代よりも、かなり忙しい毎日。期末試験は、かなりの量のレポートが課されることが多い。他にも、研究室の雑用や、学部の４年生の面倒を見るなど、さまざまにこき使われる。大学、大学院を通して、おそらく一番忙しい時期。修士論文の良し悪しが、博士課程での在籍期間に直結する。就職する人の場合、修士に見合う一定レヴェルの論文が書けていればよい。

は、実に対照的ではないか。彼は探しても探しても見つからないのだ。

「就職にコネはつきものだ」という声もあるかもしれない。だが、テリトリー争いには、「しかたがない」とはいえないような、もっとドギツイ実態があるのだ。

植民地化された弱小大学院

就職に強い大学院（テリトリー持ち）があれば、もちろん逆のところもある。

一般に、地方私大の院や単科大学に設置される院、地方女子大の院などは、就職時における推薦や公募で苦しい立場に立たされることが少なくない。もちろん、コネがないからだ。ここでいうコネとは、自らが所属する大学院の先輩で、教員になっている人の影響力を指している。

これがない大学院は、いうまでもなく新しいところが多い。歴史が浅いため、人材の育成が量的にも質的にも不十分である。そのため、どこかの大学に知った人を探そうと思って見渡してみても、いるはずもない。

大学全体の序列（偏差値的）のなかでもまた、低いところに位置する場合が少なくない。卒業生の進路は、さまざまな点で難しいコースを辿ってしまいがちである。とりわけ、大学の教員になるなどというのは、非常にレア・ケースであるというのが現実だ。

だからこうした場合、学生が自らの大学の講師陣を見渡してみても、その大学の関係出身者は皆無のはずだ。それは、とどのつまりこういうことである。

その大学や学科を形作ってきたのは、「母校の出身者ではなく他学の出身者だ」ということだ。当然、そうした他学による生え抜きグループの影響力はとても強い。

「母校へ奉仕したいと挨拶にいきましたが、その後、梨のつぶてです。ただ、ついこないだ、某旧帝大から一人雇われたと聞きました。母校は、そこの出身者が多いんです」

こう語るのは、大学院重点化以降に作られた地方私立大学の大学院修士——いわゆる弱小大学院を修了した岡崎さんである。彼はその後イギリスに留学し、そこで博士号を取って帰国した。帰国後すぐに、故郷に錦を飾る思いで母校に報告にいったそうだ。だが、その時のことを思い出すと情けなくなるという。

「博士号の報告にいくと、『ああ、そうですか』というようにあっさりとながされました。もちろん、私に目をかけて下さっていた幾人かの先生は喜んでくれましたが、多くの先生方はあまり歓迎ムードではなかったですね」

母校の学生が留学までして博士号を取ってきたというのに、不思議な話である。

「うちは、教員の〝博士〟学位取得率があまり高くないのです。もしかしたら、三流私大出身の私が学位を取ってしまったことに不快感があったのかもしれません。ドクターコースへの進学が決まった際にも、『入るのは誰でも入れるからな』と、ある教員からいわれたこともありますから」

たんたんと語る岡崎さんの口からは、信じられないような言葉が次々と飛び出す。だが、いわゆる三流私大と格付けされているからこそ、母校の学生が博士号まで取って戻ってきたら、両手を広げて歓迎するのがふつうではないのか。

「教員は、学生のレヴェルを知ってますからね。自分たちから見れば、馬鹿も同然の学生が、学位を取ったこと自体信じられない思いでしょう。馬鹿であるはずの学生が、さらに教員のポストを要求してくることなど、彼らからしてみれば、聖域を侵されるようなものなんじゃないかな」

教員は、通常〝よい大学〟（旧帝大・東工大・一橋大・筑波大・神戸大・広島大・早慶など）を出ている場合が多い。その彼らが、いわゆる三流大学に勤めることになった場合、学生を見下していることもあるという。彼らにとっては、そんな学生が、自分たちと同じ教壇に立つなど、許せないことなのかもしれない。

自嘲気味に語る彼の背中は、とても寂しそうだった。母校の教員が、いつも学生を大事に考えているとは限らないのだということを、彼の話は教えてくれる。

こんななかで、岡崎さんは博士号を取得したわけだ。だがそれが、母校の教員にとっては、癪《しゃく》に障《さわ》ったのかもしれない。これが本当だとすると酷い話だ。だが、岡崎さんが失望した本当の原因は、実は別のところにあったのだ。

「学位取得の報告を喜んでもらえなかったとか、そういうのは実はどうでもいいんです。問題は、母校が、一部の勢力に食いものにされているということなんです。それが、どうにも我慢ならないんです」

彼の言葉を借りれば、「伝統的な優秀校を出た者たちが、比較的歴史の浅い地方大学へと教員を送り込み続けることで、そこが植民地化されている」ということだ。ちなみに既出の

〝研究大学〟（一橋大は含まない）による市場占有率は、五一・八％（二〇〇一年、広島大学高等教育研究開発センター）。そうであれば、これまでの一連のことも理解できる。なぜなら、こうした教員にとって、そこは餌場にすぎないのだから。

だが、それでは彼らに指導された学生たちの立場はどうなるのだ。既得権を持つもの――その大学における人事などを掌握している教員たちとその背後勢力――を食わせるだけの存在なのだろうか。このように、昔からの支配権を持つ一部の大学関係者だけが食い扶持を確保する陰には、多くの食われる者の存在がある。

つまり、岡崎さんたちのような、この業界に遅れてやってきた〝新参者〟には、既得権で固められた世界に食い込むチャンスすらないということだ。それは、フリーターに転落しやすい博士卒と転落しにくい博士卒が、ある時点ですでに決まっていることを表す。

だが、こうした既得権をまったく持たない博士卒が、あとからあとから生み出されているのが現在の状況なのだ。彼らは、市場全体からみればおそらく二割程度だが、確実にフリーターになるという意味では中心的存在となる。

西村さんや岡崎さんたちが、高学歴ワーキングプアの中核を成す理由はこういうわけだ。

その大学院に存在価値はあるか

つまり、高学歴ワーキングプアが増えているといっても、実は出身大学および大学院の階層によってその深刻さには大きな違いが見られる。一定枠の市場が弱肉強食の論理で争われているからだ。

大学に階層（一流・二流など）があるように、大学院にもそれはある。多くの場合、それは、母体の大学のレヴェルがそのまま反映されている。だからこそ、院生とはいっても、どこの院生なのかということが就職の際には大事になる。

その院生であるが、少々位置づけがややこしい。というのも、大学生であれば、入った大学のランクそのままが学生に適用されることになる。この場合、どこの高校出身かということは問われない。

だが、院生の場合はすこし異なる。出身大学と所属大学院が異なっている場合が少なくないからだ。とくに、文科省が大学院流動化――自学出身者の占有率を下げ、他学からの学生を研究室に入れることを推奨する動き。最近では、生え抜きを三割程度にとどめるようにとの具体的数値が示された――を求めているため、この動きは激しい。すると、この院生はどのレヴェルにいるのかという判断を下すことが難しくなる。だから、多くの場合、次のような方法でラベル付けがなされる。

その区分は、四つ。（A）一流大学から一流大学院。（B）一流大学から二流大学院。（C）二流から一流。（D）二流から二流。以上について説明すると次のようになる。

（A：一流→一流）は文字通りAランク。旧帝大やそれに並ぶ大学出身者で、大学院も同様のレヴェル（研究大学）に所属している院生を指す。フリーターに転落しない可能性を最も模索できるのがこの層だ。

（B：一流→二流）は、めずらしいパターンだ。出身大学はAランクだが、大学院進学の際にBランクに移動してきた者たちだ。その理由は、希望の研究室がたまたまBクラスに位置していたからというものがほとんどだ。彼らも明確な目的をもって、あえて都落ちをしているので、フリーターになる可能性を回避する策を練っている（だが、Aよりは不利）。

（C：二流→一流）大学院では割と珍しくないパターン。出身大学は二流だったが、大学院では一流に移った者たち。本人たちには気の毒だが、よく「ロンダ（学歴ロンダリングの略語）」などの隠語で生え抜きから蔑まれるなど、彼らはいつも胃の痛い思いをしている。就職では、苦しい展開になる場合が多い。

（D：二流→二流）出身大学が二流で、大学院も二流。彼らの多くは、内部推薦でプッシュされた者が多い。就職はもちろんほとんど絶望的だ。

そして、現在世をにぎわせている高学歴ワーキングプアを、階層によって分けてみると、以下の四つに分類される。

①最初からそうなることが決定づけられている層（二割程度）。②なることを避ける手だてがほとんどない層（三割程度）。③ならない手だては打てないこともないが、運に左右される層（一割程度）。④ならないような手だてを打てる機会を最も多く有する層（四割程度）。もちろん、これらの違いには、既得権のあるなしが関係している。

さて、①と②に該当する、DおよびCのパターンの人は、大学院入学の時点ですでに、圧倒的不利な状況に立たされている。それでも、Cの場合はまだましだ。自らの意志で選択しているのだから。

だが、Dはひどい。自らの意志というよりも、うまくのせられて、気がつくと大学院生になっていたという場合が少なくないからだ。〝新規〟に大学院が設置されれば、定員を満たすために学生が釣り上げられる例は、ここまで示した通りである。

読者のなかには、「でも、最後は自分で決めたんでしょ。なら仕方ないいんじゃない」という声もあるかもしれない。

だが、大学側は完全に説明責任を果たしていたのか。新設大学院にありがちなリスクについては説明がなかったかもしれない。就職については、現実とはほど遠いことを言っていたかもしれない。

大学というところに身をおいてきた自らの経験から、どうしても気になることがある。それは、大学院に誘った教員は、最初から学生たちの未来を〝見通していた〟可能性があるのではないかということだ。頭の中には、最初から学生たちの未来について、ある結末が描かれていた。だが、真実を告げることはなかった。いや、告げられなかった。彼らは組織人だからである。これが、大方の事実ではないか。

大学という組織は、学校法人の中枢に座する理事会によって意思決定がなされる。経営戦略のなかで何が優先されるのか。それによって、さまざまな動きが生じる。Ｄの場合、おそらく法人はピラニアになる決定をしたのだろう。

このように、高学歴ワーキングプアは、そうならざるを得ない立場の者が最初から確定されていた上、さらに研究大学からの転落者が加わるという、重層構造が形成されているのである。なぜなら、既得権を持たない者は、最初からフリーターになることが確定しているからだ。

企業は博士卒を必要とはしていない

これまで見てきたように、大学院博士卒の行き先は、基本的には大学にぶら下がるしかない。だが、一応、民間にいく場合についても見てみたい。

平成一三（二〇〇一）年五月二一日発売の雑誌「アエラ」では、「さまようポスドク（ポストドクター。博士号を取得し教職や研究職に就いていない者）一万人　若き頭脳が埋もれている」という見出しで、あぶれる博士問題に関するテーマが設定された。どこの研究機関にも所属せず、自宅の五畳間で論文を書き続ける四三歳の物理学者の話や、〝ニセ公募〟の問題を取り上げ、博士号取得者が使い捨てになっている現状が取り上げられている。

博士号取得者の雇用予定がたった三％にすぎないという、企業の雇用実態についても言及された（「九八年の全企業における博士号取得者の採用予定比率」、旧科学技術庁資料）。

この背景として、企業には「自分の考え方を大事にするような博士卒は必要ではない」という考えが根強くあるようだ、と記事では指摘している。ほしいのは企業の営利にあった研究を行ってくれる者というのが、企業の本音らしい。

平成一七（二〇〇五）年五月二日付読売新聞（夕刊）でも、博士号取得者で常勤として雇用されていない者、つまりフリーターの数が一万二五〇〇人に達していることが問題として報じられている。そして、このなかでも、企業側が「博士卒は視野が狭い」などの理由で採用に消極的であるということが取り上げられている。

バブル期のツケに苦しみ続けてきた企業は、立て直しのためリストラを繰り返してきた。そんな状況のなかで、中途採用に近い形になりかねない博士卒など到底採用できないという本音もちらつく。だが、最大の理由は、「企業が日本の博士課程修了者の実力をあまり信用していない」（読売新聞平成一一〈一九九九〉年八月一六日付朝刊）ということにあるようだ。

いずれにせよ、一般的な進路として、博士卒が民間に就職できる可能性は限りなくゼロに近いということだけは間違いない。

第2章 なぜか帳尻が合った学生数

重点化を取り上げた記事

博士号取得者の無職問題が、世間の注目を集め始めたのはいつ頃からだろうか。この問題に直接関係する大学院重点化についての記事を調べると、昭和六〇（一九八五）年四月の京大女性博士浪人問題（前述）に始まり、昭和六二（一九八七）年一一月一八日付読売新聞（朝刊）には「大学院に重点を移す東大。まず閉鎖性の壁を破り、血の通った改革に」と題する解説が書かれている。重点化に関連する記事としては、先のものと共に最も古いものの一つだ。

そこには、新制大学発足時からおまけ的な扱いをされ、なおざりにされ続ける日本の大学院をめぐる問題を背景に、大学院改革を進めようとする東大理学部を中心とした動きが取り上げられていた。改革には、院生の流動化や大学にある閉鎖性などを打破することが大事だろうという論調の記事であった。東大理学部のこの試みは、結果的にはこのとき失敗している。

平成三（一九九一）年になると、朝日新聞（六月八日付朝刊）において、理工系の博士課程が定員割れしている実態が記事にされている。この年の、東大法学部では、すでに大学院重点化が行われており、理学部と工学部は翌年の重点化をもくろんでいた。重点化歓迎の伏線となるような情報の提示だ。同じ年の一二月二五日には、東大が大学院重点化へ大きく舵を切ったことが取り上げられた。

翌平成四（一九九二）年三月一五日には、読売新聞（東京版朝刊）でも、「大学は変わるか」という見出しで、やはり重点化が取り上げられている。ここでは、「予算増を引き出す知恵だろう」と揶揄《やゆ》する意見も紹介された上で、「これをはね返す教育・研究成果を出すことが大事だ」と結ばれていた。

「手狭な研究室、乏しい研究費、閉鎖的な人事など、日本の大学院は米、英、仏などと比べ小規模で、貧弱だと言われる。若者を引きつける魅力に欠け、海外の大学や企業へ移籍する研究者も少なくない」（読売新聞社説、平成四〈一九九二〉年三月二九日）

右に示されるようなきびしい現状を改善するべく、重点化に大いなる期待を抱く記事が書かれたのは、いよいよ大学院重点化時代の本格的幕開けを翌日に控えてのことだった。前年の東大法学部に続き、理学部・工学部も重点化に向かうこととなったのだ。

大学院重点化がスタートするまでの論調は、取り上げた記事にみられるようにおおむね改革への期待が込められたもので占められている。スタート後には、一旦次のような問題が取り上げられることもあったが、その後は順調に重点化が達成されていくこととなる。

問題というのは、平成四年七月九日の朝日新聞の解説で、重点化政策の反面、現実には博士課程の定員が埋まっていない状況が取り上げられた（東大理学部・工学部が対象）ことだ。修士までの人気の高さに比べ、博士に進む学生の少なさが問題視されている。背景にある企業側の博士敬遠という問題も指摘された。つまり、重点化達成に対する懸念が示されたのである。

だが、こうした心配が杞憂にすぎなかったことは、現在の「高学歴ワーキングプア」問題が示している。勧誘などを含め、学生を釣り上げるためのさまざまな策が講じられたことも推測に難くない。その後、このことはしばらく静観されていたが、平成九（一九九七）年を境に、増加し続ける大学院生に関する記事がチラホラと現れてくる。

「ポスドク問題」という見出しの増加

「増加する大学院生」というタイトルで、この一〇年間に院生数が倍増しているという記事が朝日新聞に載ったのは、平成九年二月二一日のことだった。ここでは、就職問題のことについては、まだ、そう深く取り上げられてはいない。だが、平成一三（二〇〇一）年になると、無職博士の問題を取り上げる記事が増え始めた。

先に紹介した「アエラ」の「さまようポスドク一万人」といったものに始まり、翌平成一四（二〇〇二）年五月一六日には、読売新聞（大阪版朝刊）で、夜間警備やウエイトレスのアルバイトをしている博士課程の院生が、将来も就職が見込めないことに対し大きな不安を抱いている様子が取り上げられた。

この記事は、ゆとり教育批判を積極的に行ってきた西村和雄教授による「大学院は勉強しなくても入れるところになった」などといった発言を引用し、大学院重点化によって、院生数が急激に増やされたことを批判する論調に傾いた内容となっていた。

同年、一一月五日の朝日新聞夕刊にも同様の論調の記事が掲載されている。ここ一〇年で二二万人に倍増された院生が、今就職難に苦しんでいるという内容のものだ。文中では、大学院サイドでも、このことが問題視され始めていることを取り上げ、従来の研究者養成といったスタイルにとどまらない、就職につながるような教育を行っていこうとする動きが模索され始めたことを紹介している。

平成一六（二〇〇四）年になると、もっとあからさまな内容の記事を目にするようになる。「学生を記者として雇ってくれないか」。読売新聞の論説は、こんなリードで始まった。知人である大学教員の弟子が、近く博士号を取るが仕事がない。ついては記者になれないか、ということらしい。博士号取得後の研究者が、仕事を見つけられず〝ポスドク問題〟として社会の注目を集めていることを取り上げた記事だ。

国の大学院重点化政策による院生急増に対する、出口整備の不備を批判的に捉えたものだ。政策的に増員された院生の出口として、「マスコミでも博士を活用して」という政府の態度を、「本業は無理なので別の行き先をでは本末転倒だろう」と批判した。

その四カ月後。政府の総合科学技術会議が、産業界や報道機関に対して〝余剰〟博士を雇用してくれるよう呼びかけていく方針が打ち出されたことが紹介される。もちろん、雇用を極力抑えようとする産業界の反発などを考えると、前途多難だろうという批判的見解が紙面では示されている。

そして、平成一七（二〇〇五）年。定職に就けていない博士が一万二五〇〇人に達したことが報道された（読売新聞五月二日付東京版夕刊）。ポスドク問題が世間で注目を集めるようになってから、初めて実施された調査（文科省による）によって判明したのだった。その八％は四〇歳以上だという。

同年一一月二二日、朝日新聞（夕刊）では、文科省が人材育成プログラムを大学院の教育現場に導入することが紹介される。「増えた博士卒に対し、限られた研究ポスト」という構図により生じている、無職博士問題をどうにかしたいということのようだ。企業への就職も期待できない現状があり、大学院生のうちにもっとツブシのきく能力を身につけさせ、研究職以外の職を見つけることができるようにしようということらしい。

国が急にこの問題に力を入れ始めた背景には、「将来に展望を描けない〝博士〟へ、若者たちが愛想を尽かし始めた」という動きも関係しているようだ。博士課程の定員割れが、一部の大学で見られ始めたのだ。

そして翌平成一八（二〇〇六）年の八月三一日。ついに、「国立大学の博士課程定員が五一年ぶりに減少する」とのニュースが流れる（朝日新聞朝刊）。博士生産が峠を越えた瞬間である。

同年一一月五日の読売新聞（東京版朝刊）では、旧七帝大と東工大の工学部によって、就職支援のためのSNS運営サービスが始まることが紹介されている。

実効力を伴わなかった「ポスドク一万人支援」

急増する無職博士問題に関する世間の動向を見てきたが、ここまでひどくなる前に何らかの手は打たれなかったのかという疑問を持つ人も多いだろう。

実は、文科省による「ポスドク一万人計画」というものも実施されてはいる。平成八（一九九六）年度から平成一二（二〇〇〇）年度の五年間の計画として策定されたもので、ほうっておけば無職になってしまう多くの大学院博士課程修了者（博士号を有する）を、ポストドクトラルフェロー（略称ポスドク。博士研究員）という職種を数多く作り出すことによって救済を試みたものであった。その給与は、おおむね四〇〇万から五〇〇万円。各種保険付き。ほかに年間一〇〇万円程度の研究費がつく。任期は平均三年。スネかじりの生活から脱却し、自立できる十分な待遇といえよう。

無職地獄の中でもがき苦しむ博士たちにとって、これは文字通り一本の蜘蛛の糸となるはずであった。実際、この制度によって命をつなげた者も少なくない。だが、次の二つの点でこの制度も不完全なものとなっていった。

一つには、ポストの絶対数がまったく足りなかったことだ。ポスドク一万人というが、このなかには日本学術振興会による特別研究員制度と、外国人特別研究員制度なるものも含まれている。前者は、現役の大学院博士課程生向けのものだ。通常修士二年生の時に、応募書類を提出し、審査に合格すれば、博士課程一年生から三年生までの間、毎年三四〇万円程度の年俸を手にすることができる。いわゆる、ＤＣ１とかＤＣ２と呼ばれるものがこれにあたる。しかしこれは、あくまでも現役の院生が対象であるため、現役でない博士卒の者には関係ない。また後者は、留学生向けの制度であるため、当然のことながら日本人には関係ない。

この二つをあわせた数が約五〇〇〇人分となっており、支援数一万の内、実質半分がこれに食われている。

毎年、過去最高を更新している博士卒の傾向をみれば、平成一九（二〇〇七）年度には一万六〇〇〇人を突破することは間違いない。このことからすると、支援の数字はいかにも少ない。

二点目は、せっかくの支援ではあるが、非常に短い任期が定められており、一時的な救済策にしかなっていないという制度的弱点があるのだ。

ポスドクの任期は非常に短い。その多くは二、三年だ。最長で五年というものもあるが、これはまれだ。通常は、一年契約を基本とし、更新を妨げない（希望すればかならず更新できる）という形で、二年目あるいは三年目までしか更新することができない。これは、ポストに流動性を持たせるという意図が根底にあるのだが、要はあぶれまくっている博士卒の間で、ぐるぐるとポストを〝受け渡していくように〟ということなのだろう。

契約期間が終わった後の保障はまったくないので、その後無職となる博士も多い。まれに、ポスドクからポスドクへと移り歩くという奇策を使う人もいないわけではないが、これとて、いつまでもできるというわけではない。ポスドクには、一般に年齢制限もあるからだ。

その上限は三五歳。文科省が、三五歳までは流動性を持たせた雇用が望ましいという見解を示したからだ。なので、どこの大学や研究機関でも、ポスドクの採用条件のなかには、おおむね三五歳以下が望ましいとある。要するに、どんなに上手に渡り歩いても、三五歳になればポスドクへの登用の道はほぼ閉ざされてしまうのだ。すると、どうなるか。めでたく、〝三五歳からのフリーター〟と相成る。

それも、「自分で選んだ道なんでしょ」といわれれば、そうかもしれない。

だが、修了者の二人に一人が、最初から仕事がないという状況（失業率五〇％）は、個人の意欲や努力だけではどうしようもないのではないか。これは、もはや個人に帰結させるべき問題ではなく、構造的な問題としてみなされるほうが正しいだろう。試みに、日本の失業率が五〇％となった状態を想像してほしい。ちなみに、平成一八（二〇〇六）年度の完全失業率は四・一％である（「総務省統計局労働力調査」）。

学力低下という非難

大学院生の大量生産により、結果的にあまたの高学歴無業者が生み出されていることを多くの紙面が取り扱ったが、実は、このことと関連してもう一つ見逃せない〃批判〃が見られたので取り上げておく。それは、〃学力低下〃についてだ。

平成一三（二〇〇一）年三月二八日付朝日新聞（京都版朝刊）に、「大学院生、深刻な学力低下　経済系五校で京大教授ら調査」という見出しが出た。大学院重点化に伴い、「低学力の学生も大学院に入学させた影響だ」という批判だ。この発言は、先にも〃ゆとり教育批判〃で名前の出た西村和雄教授によるものだ。

この意見は、〃もっとも〃のように聞こえるが、実はおかしなところがある。根拠となっているデータの取り扱いがよくわからないということもあるが、それよりも、もっと根本的なところで疑問を生じさせる発言なのである。なぜなら、〃重点化〃に飛びついたのは、一体「どこの誰なのか」を考えてみればすぐわかる。

院生の大量生産は、文科省の政策だけによって達成されたというわけでないことは、ここまで見てきた通りだ。予算二五％増に目がくらみ、自ら積極的に重点化に取り組んだのは誰だったのか。なぜ、先頭をきって重点化をすすめてきた側にいるものが、こうした発言を行うのか。その真意はどこにあるのか。

発言は、大学院重点化がスタートしてからちょうど一〇年目にあたる年になされたものだ。奇しくも時期を同じくして、重点化批判が高まっていくのもこの頃からだ。まるで、その口火を切ったかのような発言だった。

すでに、院生増によって、各大学院では教員の負担が高まっていたことに加え、人数が増えたことによる実験室空間や研究室空間の不足などという問題も生じていた。おまけに、昨今の余剰博士問題である。そろそろ幕引きを考えねばならない頃だったようにも見えないこともない。

「質を確保すべきだ」

その口実として、これほど大義を与えるものはないだろう。言い替えるとこうなる。

「そろそろ若者を切り捨てようか」

九〇年代の半ばから、この国では公然と若者を犠牲にすることで、それまでの社会システムを維持し続けようとすることが臆面もなく行われてきた（城繁幸『若者はなぜ3年で辞めるのか？』光文社新書）。城氏は、これを「既得権を持つ老人たちによる体制維持のための陰謀だ」とズバリ指摘する。

大学市場においても、平成四（一九九二）年をピークに、急激に一八歳人口が減っている。本来であれば、入学検定料の減少などによって、どこの大学も少なからず打撃を受けていたはずだ。

だが現実には、若年労働市場がかつてないほど縮小したことをいいことに、就職難であぶれた若者たちをすくい取るようにして大学院生へと仕立て上げ、その果てにかなりの収益を上げている大学も少なくないはずだ。質の確保を求める発言は、「ここらでもういいだろう」「もう十分いい思いをさせてもらった」。そう聞こえなくもないのである。

最悪の就職事情のなかで、どこにも行く当てのない若者たちが、一縷の望みを託し大学院にやってきた、あるいは引っ張り込まれた。そういう若者に対して、「馬鹿が来たから質が落ちた」とでも言いたげな発言を浴びせることは、そのリスクの高さからすれば通常ありえない。引っ張り込んだ引け目はないのだろうか。

やはり、ここは、院生増産フィーバーに対する〝火消し〟の意味合いだと考えるのが自然のように思える。

見事に帳尻が合った学生数

そろそろ、大学院重点化とは一体なんだったのかをまとめたい。

重点化の最初期に再注目すると、文部省（現・文部科学省）の政策とこれに呼応した東大法学部とによって、幕が切って落とされたことが思い出される。

さらに、ここでもう少しだけ前に戻る。すると、東大理学部の存在が思い出される。重点化政策が出される前に、独自に理学総合大学院構想を打ち立てていたが文部省の許可が下りなかったため失敗した、あの理学部だ。実はこの時期、法学部はこうした大学院改革にはあまり興味を持っていなかったという。だが、平成三（一九九一）年になると突如として重点化への口火を切るに至ったのだ（この時文部省の許可はアッサリ下りた）。「手品のようなやり方」「東大と文部省の悪知恵」などと、他大学からは白い目を向けられたという（読売新聞平成四〈一九九二〉年三月一五日付東京版朝刊）。

いずれにせよ、理学部が先陣を切ることに失敗し、法学部がそれにとってかわったという点は注目に値する。天下の東大法学部だからこその逆転劇に思えるからだ。各界に多くの人材を輩出する法学部。多くの関係者が文部省にもいることは、これまた当然だ。両者が協力体制をとりやすい構造にあることは想像に難くない。「うまいことを考えてくれた」と当時の理学部長は洩らしている（同前）。

文部省は予算請求枠が増え、大学も予算増となり、両者万歳である。しかも、時は平成三年。翌年には一八歳人口のピークを迎え、急激な人口減がその後に続こうとするなかでのことだった。

平成四（一九九二）年には二〇五万人だった一八歳人口も、平成一六（二〇〇四）年には一四一万人へと激減している。その差は六四万人。競争率は下がり、浪人も減ることで、必然的に進学率は上がっていく。平成一六年度の大学、短大、専門学校への進学率は、七四・五％。つまり、一〇〇人いれば七五人までがどこかの大学や短大、あるいは専門学校へと進学しているということになる。ちなみに、大学と短大だけをあわせた進学率は、四九・九％。この二つを合わせた数値のピークは平成五（一九九三）年の八〇万人。そして、平成一六年には、七一万人と減少している。

人口全体の急激な減少にくらべると、進学率がアップした分まだ穏やかな下降率と言える。減少分の内訳は、短大が大学に編入されたことと、短大そのものが消滅していったことによる。だから、四年制大学入学者数は、逆にアップしている。平成四年に五四万人だった大学入学者数は、六万人アップの六〇万人をここ数年維持している。

だが、この数値はほぼ限界に近いのではないか。格差社会の到来もささやかれるなかで、今後はこれ以上に進学率がアップしていくことはほとんど考えられないからだ。とすれば、これから、（大学入学者数の）本格的な減少に転ずることになる。

平成二六（二〇一四）年の一八歳人口の予測は、一一八万人。平成一六年から二三万人の減少だ。大学・短大の進学率が現状だとしても、その数五九万人。一二万人の減少である。これは、昭和五〇（一九七五）年のレヴェルだ。その後しばらくは、そのラインで上下すると予測されている。

こんな状況で、大学院生だけが増え続けている今の状態は異常だ。本来なら、大学・短大入学者数の減少にあわせて、こちらも少なくなるか、せいぜい現状維持といったところが関の山だ。だが、実際には、平成三年には約一〇万人だった院生が、平成一六年には二四万人余りにまで増えている。その数一四万人。

「ちょっと待った」と言いたくなるのは私だけではないだろう。先ほどの一二万人減にまるであわせるように一四万人増とは、これは一体どういうことか。

短大・大学に大学院まであわせると、一八歳人口の減少が一旦落ち着くと見られる平成二六年以降までの進学者数は、大学院重点化が始まった平成三年レヴェルに近い水準で維持されるということになるのである。なんというマジック！

若者に食わせてもらおう

もうお解りだろう。大学院重点化というのは、文科省と東大法学部が知恵を出し合って練りに練った、成長後退期においてなおパイを失うまいと執念を燃やす〝既得権維持〟のための秘策だったのである。

折しも、九〇年代半ばからの若年労働市場の縮小と重なるという運もあった。就職難で行き場を失った若者を、大学院に釣り上げることなどたやすいことであった。若者への逆風も、ここでは追い風として吹くこととなった。

成長後退期に入った社会が、我が身を守るために切り捨てた若者たちを、これ幸いとすくい上げ、今度はその背中に「よっこらしょ」とおぶさったのが、大学市場を支配する者たちだった。

増えた定員の多くは、国立が占めている。当分安泰だ。その国立は、独立行政法人になり法人組織に外部からの理事を迎えることとなった。もちろん、その道の〝専門家〟がそこに納まることとなる。大学の予算の使い道も、かつての制約が随分と緩くなり、自由裁量による分配が広く可能となった。これは、大学の独自色がより一層出しやすくなる環境が構築されたということだ。国立は、その基礎体力の強さに加え、さらに、自由という名の羽根まで手に入れ、今、飛び立とうとしているのである。

では、私立はどうなるか。淘汰にまかされるだけである。早く言えば、国も財政難だし、そろそろ「もう面倒はみきれませんよ」というところだろう。そうして、財政基盤の弱いところから順次潰れていくこととなる。

そこに設置してあった大学院も、当然、消える。だが、それは、単に元に戻ったというだけのことなのだ。狂乱の祭りのなかで、ただのノリで設置された大学院は、祭りが終わればゴミとなるしかないだろう。そして、その横には、若者の屍《しかばね》が累々と積み上げられていく。

第3章　なぜ博士はコンビニ店員になったのか

——貴重な頭脳の浪費——

世の中にあぶれる〝博士卒〟たち。塾講師・非常勤講師・肉体労働・ウエイトレス・パチプロ・そしてコンビニ店員。どれも、〝博士卒〟たちが従事しているアルバイトだ。青雲の志を抱いて大学院博士課程にやってきて早〇〇年。ふと気がつくと、なぜか今〝フリーター〟。だが、フリーターであっても、消息がわかるだけまだましなほうだ。〝ニート〟となった者、〝行方不明〟、そして〝自殺者〟。一緒に学んだ友人と、「もう会えなくなってしまった」という話を耳にすることは、もはやまったく珍しくない。

彼らはどこからやって来て、どこへ行こうとしたのだろうか。一体いつから、どうして歯車が狂ってきたのか。どんな思いで、いま生きているのか。聞いてみたい。

気がつくと在籍一〇年

江藤さんは現在三四歳。非常勤講師のかたわら、大学院に在籍して一〇年以上（休学を含む）になる。なぜ、そんなにも長く大学院生を続けるのだろうか。

「最初は、こんなに長くなるなんて思ってもいませんでした。博士号がなかなか取得できず、気がつくと今になっていたというわけです」

博士号は、博士課程を出ただけでは取得できない。〝博士号〟取得には、所定の要件を満たしたうえで、特筆すべき顕著な研究業績をあげた博士論文を提出することが求められる。論文が提出できない限り、博士学位は下りない。論文提出がここまで遅れた理由を、江藤さんはこう語る。

「自分が博士課程に入院してきた時は、博士号を取るということは〝当たり前のこと〟ではありませんでした。むしろ、学位を取る人のほうが珍しいという状況でした」

文系では、現在でも博士号を取得している人のほうが少ない。博士課程は出たが〝博士〟の学位は持たないというスタイルは文系での常識であり、驚くにはあたらない。〝特筆すべき業績〟とは、それほどに厚い壁なのだ。

「その頃（約一〇年前）は、まだ博士号を持っていなくてもよかったんです。ですが、五年ほど前から状況が変わってきました。大学教員の公募に際して『博士の学位を有していること』という一文がやたらと目につくようになってきたんです」

江藤さんは、当初、それまでの文系の〝常識〟に倣《なら》って、博士課程にて所定の単位を修めつつ数年を過ごし、「天の声」がかかるのを待っていたという。ところが、待てど暮らせど〝天からの声〟が彼に聞こえることはなかったのだった。年を経るごとに、如実に顕在化してきた余剰博士問題のあおりを食い始めていたのだ。

「その時、博士号を取得しなければ仕事にありつけないことを、はっきりと自覚しました」

だが、その〝博士号〟の取得が、文系では非常に困難。平成一〇（一九九八）年時点での人文系における授与率二三％（中教審大学院部会第八回資料、ちなみに工学は九一％）。だからこそ、問題が生じる。

博士号を取らなければ仕事がない。しかし、博士号は簡単には取れない。簡単には取れないため、院生生活を続けざるを得ない。すると、年をとる。年を経るごとに余剰博士が加算され続けるため、就職はますます不利になる。展望が見えず、博士論文を書く意欲が減退する。さりとて、論文を提出しないことにはどこにも行き場がない。このような形で、出口の見えないトンネルのなかに身を置かざるを得ない、失意に暮れる〝博士候補〟たちが激増した。さらに、彼らを直撃する悲劇はこれだけで終わらなかった。

平成一八（二〇〇六）年以降、突如として、それまで博士号授与に消極的だった全国の文系大学院が、積極的に〝博士学位〟を授与する方向へと態度を軟化させ始めた。前年の中教審による答申で、学位授与の円滑化と改善が促されたからだ。

従来、博士号の授与には〝特筆すべき顕著な業績〟をあげることが義務づけられていたが、その基準は曖昧だった。そのため、どれほど必死に論文を書いても、「まだまだ未熟」と突き返される光景が、文系の世界では当たり前に見られた。

これからはそれを改め、基準を明確にし、一定の要件を満たすことによって、円滑な学位授与を行うという方針への転換が行われることになった。すなわち、学位の位置づけがこの年から変わったのだ。

「博士の学位授与の要件として学位論文に特筆すべき顕著な研究業績を求めるのではなく、学位の質を確保しつつ、学位論文の作成は、自立して研究活動等を行うに足る研究能力とその基礎となる豊かな学識を養うことを目的とする博士課程の集大成としてとらえるようにすること」（中教審大学院部会第三二回資料）。

江藤さんは、これについてこう語る。

「力が抜けました。一体、何のためにここまで必死にやってきたのか。そう思うと、やりきれませんね。この一〇年はなんだったのかと思います」

江藤さんたちの同期生やその前後の時代の院生たちは、学位取得に時間を費やした結果、年をとり、三十代になっても定職に就けずにいる人が少なくない。すでに、三十代半ばを超えた人もいる。それは、もはや博士号を取得したとしても、大学教員への入口であるポスドクにもなれないということを意味している。

制度改変の狭間に揉まれ漂ってきた彼らは、今後もまた、若いのに、あるいはいい年して、フリーターやニートをしているなどと、周囲からのそしりに揉まれながら、社会の底辺を漂い続けなければならない。

江藤さんにとって、「博士号」とは一体どんな意味を持っていたのだろうか。

「無駄に振り回されたように思います。もしかするとこれから一生フリーターかと思うと、死にたいような気持ちになりますね」

現在、日本で博士号を取得することは、これほどまでに報われないこととなっている。江藤さんは、結局博士号を取らないまま、今に至っている。

終身雇用に絶望する

呉さんは、塾講師のバイトをいくつか掛け持ちしながら生活をしている、三三歳、独身(結婚願望あり)、年収二四〇万円の長身の男性である。博士号は取得済みだ。

博士号を有する優秀な彼が、なぜ、バイトを続けているのだろうか。塾の正社員に登用されてもおかしくはないのに不思議である。

「ええ、実際、何度も正社員に誘われています。でも、踏ん切りがつかないんです」

呉さんの名刺の肩書きは、「○○大学研究員」となっている。塾講師とは、どこにも書いてない。

「給料はまったくもらっていませんが、名前だけ研究員と名乗らせてもらってるんです」

大学院修了後も教員のポストが見つからなかった呉さんは、余剰博士問題を抱えていた大学側の苦肉の策によって作られた、名前だけのポストに就いているという。

「ポストが空くのを待っているんです。博士号を取ったからには、やはり研究者になりたいですから」

博士号取得者の多くは、彼と同じような考えを持ってはいるが、現在の日本でその望みが叶えられる可能性は針の穴を通るよりも難しい。いつ空くかわからないポストを、彼はいつまで待つつもりなのだろうか。

「正直にいえば、半分あきらめてます。ここ数年で、教員のポストは完全に埋まってしまった感がありますからね。この世界はリストラもないですしね」

大学教員の世界は、一度専任で登用されれば、後は怖いものなしで過ごせる、極めて安定的な職種である。所属する大学法人が解散する、あるいは病気になる、または自らクビになるようなこと（セクハラなど）さえしなければ、定年まで安心した生活が保障されている。おそらく、日本でも最も完全な終身雇用が守られている職種の一つだろう。

だからこそ、呉さんは諦めの境地に立っているのだ。なぜなら、これほど安定しているということは、一度ポストが埋まれば、その後の十数年は空きが出る可能性がなくなることを意味するからだ。

終身雇用は、拡大路線のなかでこそ維持されるシステムである（城繁幸、前掲書）。だが、大学市場はこれから縮小していくばかりである。リストラが存在し得ない大学という世界で、成長後退期において選択される人件費抑制は、教員の自然減にまかせるほかはない。定年を迎えた教員の後を補充することなく、ポストを削減していく私立大学もちらほら現れている。

団塊の世代が定年を迎える二〇〇七年から、多少採用が増えるのではないかと思われるむきもあるかもしれない。だが、大学教員の定年は、平均六五歳。遅いところでは七〇歳だ。大量退職者の恩恵に与《あずか》るには、一般社会よりも五年から一〇年余計に待つ必要がある。

しかも、その頃の一八歳人口の予測は、一一九万人（平成二四〈二〇一二〉年、平成一四〈二〇〇二〉年度学校基本調査）。平成四（一九九二）年のピーク時二〇五万人と比べて、八六万人減だ。当然、新規採用も抑制されているはずだ。

ただでさえ、毎年の採用があるというわけではない、大学の新規採用枠である。ポストの募集がかかるのは、退職者が出たときか、他大学やセクションに異動者が出たとき、大学が規模を拡大したときくらいに限られる。

今後の大学運営の全体的なあり方として、拡大路線を敷くところは皆無に近いはずだ。とすれば、基本的には大量退職者が出る平成二四年以降の数年が、最後の採用拡大のチャンスとなるだろう（あくまでも現在と比べてという範囲で）。

だがすでに、現時点で博士号を取得済みの無職者（教員へのエントリー待ち者）は、一万二〇〇〇人をオーバーしている。博士号を未取得の博士候補者は、その数倍の規模で存在している。さらに、毎年五〇〇〇人規模で、博士課程三年を経て博士候補となっている者や正真正銘の博士たちが、無職者となって追加されているのである。雇用がほんの少し拡大する機会が到来したとて、到底、この膨大な無職博士たちを吸収することはできまい。

まるで、九〇年代半ばから続いた若年労働市場における新規採用抑制の悪夢が、延々と繰り返されているようではないか。当時、仕事に就きたくとも就けなかった若者たちのなかで、大学院に流れてきたものも少なくなかったはずだ。

自らの意志とは裏腹にそうした境遇に身を置かざるをえなかった若者たちが、一〇年以上の年月を経て、再び同じ悪夢にさいなまれることになろうとは、一体なんの皮肉なのか。だが、これが平成三（一九九二）年を節目に始まる成長減退期に、何の因果かピークを迎えてしまった若年層を取り巻く現実となっている。この年代層は、完全に成長後退の割をくったと言える。

「苦労して博士号を取ったのは、なにも塾の先生をやるためじゃないという気持ちが、どこかに残ってるんですね。それなら別に、博士号を取らなくてもよかったわけですから」

わずかな望みを胸に秘め、呉さんは自らの夢をつなぐ道を模索し続ける。彼の夢が叶うことを願いたい。

運に左右される学位への道

同じ塾講師をしていても、博士号を取得していない人もいる。松田さんは三一歳の女性。大学院博士課程に五年間在籍した後、退学して塾の先生（非正規雇用）になった。彼女の言葉に耳を傾けてみたい。

「できれば学位を取って修了したかったんですけどね。だけど、いざ提出しようと思った時期に、自分の指導教官がご病気になられたんです」

博士課程というのは、博士論文を提出することによって〝修了〟となる。論文が提出できなければ、〝退学〟という形になる。博士号の取得にも、論文提出が必須である。松田さんは、博士論文の提出準備にまでこぎつけたところで、彼女の人生を揺るがす事態に直面することとなったのだ。

「まさか、そんな、と思いました」

当時のことを、彼女はそう振り返る。もちろん、先生のことを慕っていたので、体のことを本当に心配していたということが、最大の理由だったという。だが、一方で「私はこれからどうなるんだろう」という心配も徐々に湧き起こってきたのは当然だった。

「主査が替われば、学位が遠のく」

これは、この世界の常識だ。通常、博士論文の執筆は、その分野のことを最もよく理解している教授からの指導を受けながら進められる。博士論文には、非常に高い専門性が求められる。そのため、分野の最先端をリードする教授による指導を受けることが欠かせない。言い替えると、そうした最先端で活躍する教授でなければ、細分化された学問の領域の先端で書かれる博士論文への的確なアドヴァイスや批判を行うことが難しいということだ。

さて、主査が替わるということは、専門の異なる先生からの指導を受けなければならなくなったということを意味する。だが、いきなり領域の違う論文を指導することなぞ、いかに近接領域の教授でも無理がある。しかも、今回の場合、ただの論文でなく博士論文なのだ。この瞬間、博士論文を書くために、修士課程から数えて七年の歳月をかけてきた松田さんの努力は、無に帰したのだった。

「なにか、気力が萎えた状態になりました。先生のことを信頼してずっとついてきたわけですし、今からまた他の先生のご指導を受けることは、私の選択肢にはありませんでしたね」

一〇年近くの歳月をかけ、「博士号」を取得する寸前までたどり着きながら、彼女はその道を降りることとなった。

「いつか、〝論文博士〟がとれたらと思ってます」。そういって笑う彼女の横顔は、運命にもてあそばれた人に特有の寂しさを湛えているように見えた。

「博士」には、大学院博士課程を修了する〝課程博士〟と、一〇年以上もの歳月をかけて書いた論文を提出する〝論文博士〟がある。博士課程に在籍することなく（あるいは、単位取得退学後三年超経過の後）、一定基準以上の質と歳月（平均一〇年超）をかけた論文の提出をもって授与される〝博士号〟が、一般に〝論文博士〟と呼ばれるものだ。近くは、『人は見た目が9割』（新潮新書）の著者、竹内一郎氏がこれに該当する。しかし、この制度は、遠くない将来になくなる可能性が高い。

パチプロ博士

朝一〇時から夜の一一時までの約一三時間労働にいそしむのは、パチプロの白石さんだ。〝職場〟の人は知らないが、白石さんは博士号を持っている。

「この仕事に、博士号など関係ないですからね。むしろ、知られることのほうが、大学教員になれなかった負け犬と思われそうでイヤですよ」

勝つか負けるか。肩書きなど関係ない世界。そこが、この業界に身を置く理由だと白石さんは語る。この世界では、すべての責任は、純粋に自分だけにかかっているという。そこが心地よいのだと彼は相好をくずす。

自由を謳歌しているような白石さんであるが、何も最初からパチプロになろうと思っていたわけでは、もちろんない。

「本音をいえば、研究職に就きたかったですね。今となっては未練もないですが」

白石さんが博士号を取得したのは、今から四年ほど前、三五歳の時だったという。大学に入学するのが人より遅かったという。高校を卒業した白石さんは、色んな悩みから、それからの六年近くをフリーターで過ごしていた。

「二四歳の時、もう一度やり直したいと思ったんですね」

翌年、白石さんは大学に入学することになった。人より遅れた分、大学では必死に勉学に励んだという。

「自分の年では、たとえ大学を出たとしても、社会に普通の仕事を求めることは難しいとわかっていましたから。せめて必死にやることだけは、誰にも負けないようにと心がけました」

そうした日々を送るなかで、白石さんは次第に研究の面白さに目覚めていくことになる。研究には、あまり年齢も関係しないのではとの思惑も多少はあったという。当時、大学院進学について指導教官に相談すると、二つ返事で背中を押してもらったそうだ。これが大学院重点化による運営サイドの都合によるものだったとは、この頃の白石さんには、知るよしもなかっただろう。

「周囲を見回すと、博士号取得のために三十代になっても大学院生をしている人が多く、人より遅れた自分でも頑張れば追いつけるかもしれないと思い、最終的に大学院進学の決断をしました」

実際に大学院に来てみると、三十代で初めて就職する人間も少なくなく、自分も「人生の再チャレンジができるかも」との思いを強くしていった。

講義もないのに学費を払い続ける日々

だが、白石さんが博士一年に上がる頃、自らの所属する研究室や近くの研究室の就職状況におかしな気配が漂い始めることになる。博士三年を終えてすぐに就職するということはないにしても、その後の数年で専任教員に登用されることが暗黙的に当たり前というそれまでの空気に、黒い霧が立ちこめるようになってきたのだった。

「目に見えて、就職浪人が増えてきました。かつては、気がつくと先輩の就職が決まって姿が消えるという感じでしたが、いつまでも研究室から姿がなくならないという感じになりました」

何か幽霊を見ているようでイヤだったと、白石さんは当時を回顧する。たとえ博士号を取得しても就職が見つからず、お金を払い続けてまで大学に残る先輩たちの後ろ姿をみていると、自分もあと数年後にはこうなるのかとおののいていたという。

「おかしな話ですよ。大学院を無事に修了して博士号まで取得したにもかかわらず、仕事が見つからなければ、研究生としてお金を支払って大学に残るしかないなんて」

大学教員を目指しポストが空くのを待つ間、なんらの講義を受けることもないにもかかわらずお金を払い続けるというのが、就職浪人中の博士卒の一般的な境遇なのだ。業績をあげ続けるには、大学に所属していることがどうしても必要となるため——学会発表などには所属が必要とされる——、彼らは泣く泣くお金を払い続ける。白石さんも、二年ほどこうした生活を続けた。

「ある日、ばかばかしいと思ったんです。本来は、人にモノを教えられる立場のライセンス（博士号）を手にしているのに、就職不況のなかに身を置くはめになったばかりに研究生という立場を、お金を払ってまで続けないといけないということに疲れてしまったんですね。払うお金を捻出できなくなったということもあります」

大学に籍を置き続けるために、肉体労働などの日銭を稼げるものから家庭教師まで、さまざまなアルバイトをしていた。だが、学費を払ったあとには、生活のためのお金はほとんど残らない。

こんな生活をいつまで続けなければならないのかと思った時、この世界から足を洗う決心がついたのだと言う。

「大学院に入院した時は、ダメな自分だったけどこれで再チャレンジできると本気で思いました。その時は、本当に嬉しかった。でも、この就職不況下のなかでは、どんな努力もまったく通用しないのです」

追い打ちをかけるように、年齢制限が設けられたことも痛かった。

「それまで、研究職に就くのに年齢は関係ないと思ってました。実際、そんなことが可能だったのが、アカデミズムの世界だったと思います。しかし、ポスドクの上限が三五歳という通達が文科省によって出されたときに、おわった、と思いました」

この時から、大学教員をめぐる市場では、再チャレンジがほぼシャットアウトされてしまったのだ。

念のために記しておくが、ポスドクの年齢の上限は原則三五歳だが、これはあくまで〝原則〟なので例外もわずかながらあり得る。またこれは、常勤のポストを手に入れる可能性がまったくゼロになったということを示すものではない。非常勤講師などを続けながら、細々と論文を提出し続ける人が、ある時どこかの大学の目にとまり、ヒキがかかったという話も聞かないわけではない。ただし、可能性は限りなくゼロに近い。

努力が報われる健全な社会はどこに

人生の再チャレンジに一縷《いちる》の夢を託し、アルバイト生活を続けながら博士号を取得した白石さんの夢は、結局自らの力の及ばないところでアッサリと潰えてしまった。行くあてのなくなった白石さんが、気分を変えようと入った店がパチンコ店だったという。その店で、偶然にも中学時代の友人に会ったことがパチプロへ転身するきっかけとなる。

「意気消沈してパチンコ屋に入ると、知った顔の友人がいたんですね。聞くと、彼も行くあてがなくてきているんだというのです。バブル入社組の彼は、会社の景気が悪くなると同時に、真っ先にリストラされたという話でした」

その友人も、再就職先を必死で探したのだという。だが、どんなに探しても、三十代で会社をリストラされた人間が、再チャレンジできる場はもはや見つからなかったそうだ。家族を養うために、収入がほしかった。そのために、パチプロになったと聞かされた白石さんは、自らの今の境遇と重なるものを感じた。

以来、友人との二人旅が続いている。月収は約三〇万円。

「保険もないし、この先どうなるかいつも心配ですが、食べるためには仕方ありません」

博士号を取るのに一〇年以上の投資をして、その結果パチプロをすることになった白石さんの、現在の偽らざる心境を聞いてみたい。

「努力が報われる健全な社会はどこに消えたのかなと、時々思うことがありますね」

白石さんの望む世界も、まだ探せばあるかもしれない。だが、少なくとも、〝博士〟に関しては、一〇年以上の歳月とお金、そして税金が投入された割に、その労力とコストにまったく見合わない形での展望しか描けなくなっていることだけは確かなようだ。

レフリー制度の矛盾

兼平さんは、同じ研究室にいた先輩の清水さんについてこう語る。

「清水さんは、非常に優秀な人でした。もちろん、博士号も取得していました」

その清水さんの現在であるが、実は彼女のことを知っている人は、今、誰もいないという。研究室へも連絡がなく、指導教官すらも消息を把握していないという。

「最後に見たのは、ある街のコンビニで店員をしている姿でした。彼女が一時消息不明になった時、コンビニに勤めているらしいという情報から、私が代表して様子を窺いにいったんです。その時、話したのが最後になりました」

兼平さんは、現在、博士課程の六回生。先輩の清水さんとは、学部時代を含め一〇年来の付き合いになる。清水さんについては、学問的な業績だけでなくその性格もよく知っているという。

「清水さんは、通常、博士課程の満期六年間では取得が難しいといわれている〝文学博士〟を四年半で取得したほどの才女でした。後輩の面倒見もよく、穏やかな性格でした。ところが、博士号取得後に、なかなか就職が見つからず、そのことについて悩んでいたようです」

就職が見つからない〝博士〟は、たとえ〝〇〇博士〟といわれる人であっても、年額四〇万（初年度入学料を含む。これは国立の場合で、私立はさらに高い）ほどのお金を払って大学に所属する必要がある。先述のように、研究者としての業績を重ねるためには、学会等における発表を継続していく必要があるが、所属がなければこれは困難になる。そのため、お金を払ってでも所属先を確保することが必要となる。研究生として残るという理不尽な選択は、こうした理由によって不可避なものとなっている。

「清水さんは、せっかく人よりも早く学位を取得したのに、結局は学生として残らざるを得ないはめになったんです。そうやって大学に所属するかたわら論文を生産していた清水さんに、ある時、屈辱的な出来事が起こりました」

それは、ある学会誌に投稿した論文にまつわる出来事だった。清水さんのレフリーペーパーが、リジェクト（却下）されたのだ。

レフリーペーパーというのは、通常、投稿論文と呼ばれるものだ。自分の所属する学会の専門誌に論文を投稿して、複数の査読者からの講評を頂く。その結果、学会誌に載せるだけの価値があると認められれば、晴れて（投稿論文として）〝合格〟と相成る。一方、価値がないと判断されると〝リジェクト〟という憂き目にあう。

博士論文の提出にあたっては、通常このレフリーペーパーを数本持っていることがタスクとなる。そのため、大学院生にとって、これにパスできるかどうかは大変なプレッシャーとなっている。

清水さんは、博士号取得者なので、当然レフリーを数本持っている。つまり、こうした人たちは、レフリーペーパーを書くための知識や技術、経験といったことはすでに十分に積んできているのだ。

だが、運悪くというか、リジェクトされる場合もまれにある。その時の様子を兼平さんはこう続けた。

「ショックというよりも、腹を立てているようでした」

その理由は、現在のレフリー制度の矛盾にあったらしい。

投稿論文の査読（水準を審査するために読むこと）を担当する人間は、通常大学にきちんと所属している専任教員である。だが、現在専任としてすでに何年も勤めている教員は、「博士号を持たないことが当然」という雰囲気のなかで就職した人たちだから、当然博士号を持たないことも珍しくない。博士号がないということは、自身が投稿論文を書いた経験がないという可能性さえある。

もし、査読担当者のなかにこれに該当する人がいたら、それは、次のことを意味する。

「査読をされた経験がない人によって、査読が行われる」

現在、専任教員を目指そうとするものは、〝博士号〟を取得していることが原則義務づけられているかのような風潮となっている。だが、学位取得の道のりはそう簡単ではない。また苦労をして、その〝博士号〟を取得してすら、就職がないのが現状だ。

「私たちは、博士号を取っても職がないのに、博士号を持たないで悠々と専任教員になった人に、なぜ私の論文が評価されないといけないのでしょう」

兼平さんが、その時、清水先輩から投げかけられた言葉である。

専任教員の〝博士〟学位取得率は、現在もそう高くはない。むしろ、博士号を持たない教員が多勢を占める大学——これに該当する私立大学は多い——も少なくない。東大文学部の教授・准教授でも、博士号を有する教員のほうが少ないことが、つい最近の週刊誌上で暴露されたばかりだ（「週刊新潮」平成一九〈二〇〇七〉年八月三〇日号。小谷野敦氏のブログによると、東大文学部には「博士が少ない」。その数、全一一三人中五一人）。

一方、大学院重点化のあおりを食って就職浪人をしている〝博士〟は、すでに一万二〇〇〇人。にもかかわらず、この「正真正銘の〝博士〟たち」は、専任どころか非常勤にすらなれない状況が続いている。

「清水さんの顔に疲れたような表情が浮かんでいるのを度々見かけるようになったのは、あれからでした」

現在も、清水さんの行方は不明のままだ。

博士が日本の研究環境の土壌を肥《こ》やす

ここまで、大学院博士課程の在籍者や修了者のなかから、就職浪人（非正規雇用を含む）の身分に甘んじている数名の声を拾い上げてきた。その数、五名。だが、現実には毎年この一〇〇〇倍の博士卒の無職者が生み出されている。

失業率五〇％。これが、この世界の現実だ。博士号を取得するまで、学部から数えて平均十年余。その学費も馬鹿にならない。私立では、一〇〇〇万円を超えるはずだ。

そして、博士生産には多額の税金が投入されていることも忘れてはならない。コンサルタント会社社長の橋本昌隆氏は「ポスドク1人を育てるのに1億円もの税金を使っている」という(東大で博士課程まで修了した場合。学生一人当たりの学生運営交付金〈国から来る大学の経費〉三三〇万円×九年間。読売新聞平成一九〈二〇〇七〉年二月二五日付朝刊)。

そこまでの時間と労力をかけて「博士を生産」する理由は、「欧米に伍する研究者数の確保と研究レヴェルの実現」という大義によるものだったはずだ。だが、現実はどうか。増えたのは研究者数ではなく、「高学歴ワーキングプア」だけではないか。

これでは、税金の無駄遣いであるばかりか、膨大な人的資源の浪費を政府主導で行っているようなものではないか。日本という社会全体が成長減退に転じているときに、いつまでこうした無駄が続けられるのだろうか。

日本全体の基礎体力を上げていくためには、研究者を殺すことではなく生かすことこそが大事だろう。人的資源の再活用と再チャレンジへの活路を開くためには、今こそ政府が政策課題として、一万人超の〝博士〟資源活用に向けた、緊急の環境整備推進や予算化などを進める英断が求められている。

団塊の世代が大量退職する小中高校など、現在、人不足に悩まされているところも少なくない。博士号を教員免許と認定し、そうした教育現場に配置などできないものか。あるいは、教育の荒廃問題に悩む現場に、科目教育担当としてではなく、〝学び〟への知的好奇心を喚起させるような専門教育者として配置することは不可能なのか。こうした提案は、博士増産の目的が、大学を中心とした日本の研究環境の底上げと研究者のレヴェルアップにあったこととも関係している。

現在まで、大学院だけを対象とした政策が講じられてきたが、これだけでは行き詰まりが起こるだろう。例えば、音楽の領域に注目してみると、おぼろげながらその理由が見えてくる。

音楽科のある大学や大学院に通っても、音楽家になれるわけではない。彼ら彼女らは、幼い頃から厳しい練習を継続してきたからこそ、プロになる道が開けている。大学や大学院に進学する頃には、すでに音楽家となる基本的素養を身につけているはずである。彼らは、結果的に大学や大学院に通ったにすぎない。たとえ領域は違っても、似たようなことは考えられないだろうか。

つまり、大学院生をただ量的に増産したとしても、唱えられてきた〝大義〟には到底近づけないかもしれないのだ。博士論文の審査の場における〃ねじれ〃の問題もある。前出の小谷野敦氏は、「今の若い人は博士号の取得を半ば義務づけられているようなものだが、審査する側がその博士号を持っていない」と非難する（前掲記事）。

実際、日本の研究環境が急速に向上しているなどと、噂にでものぼったことはあるだろうか。私には記憶がない。ある分野の全体的底上げは、そう簡単に達成できるものではないだろう。もし、本当にそれを実現したいのであれば、それはもっと長いスパンのなかで考えられるべきことだろう。その土壌づくりにこそ、現在の余剰博士の力を借りてはどうだろうか。実は、そのために増産されたのだということであれば、何とも格好のいい話にもなるではないか。

第4章　大学とそこで働くセンセの実態

知識社会を標榜し、日本という国全体において、研究環境の拡大と研究者数の確保を試みた政策の結果、たしかに大学院生数だけはかつてないほどに増加した。それに伴い、博士号取得者の絶対数が増えたことも間違いはない。

彼らはそれぞれ、〝○○博士〟なのであるから、そういう意味では〝研究者〟が増えたとも言えるかもしれない。だが、そこには実態の伴わない名前だけの研究者がいるにすぎない。大学にきちんと所属する専任の研究者は、〝博士卒〟の大幅な増加率から比べると、その増え幅は、ほんのわずかにすぎない。

研究者を増やすつもりなど、結局「実際は考えていなかったのではないか」と勘ぐりたくもなろうというものだ。教員市場がそれほど大きくなることもないのに、大学院生だけが増えたなら、食い詰め浪人を生産するだけであることは、自明だったはずだ。民間企業はもとより、日本の大学院卒の〝博士〟など必要ともしていない。このことも、分かりきっていたはずだ。

こういう状況下では、専任教員になることを夢見て〝博士号〟を取得したとしても、現実には〝フリーター〟になることが関の山だ。そして、これほどにフリーター博士が増えたとなると、博士号を取得するまでに多大な税金がかかっているのに「この穀潰し」というようなそしりが、世間から浴びせられるようになるまで、さして時間はかからないだろう。

この国では、自力ではどうにもならない厳しい境遇に身を置く者たちを指さして、「個人の努力が足りないからだ」という非難を浴びせることは決して珍しくない。その結果、問題となる社会構造を生み出してきた黒幕たちは、本来追及されるべき自らの責任について世間の目を欺き、問題を個人に転嫁して悠々と生活を続けていく。『「ニート」って言うな！』（本田由紀他著、光文社新書）では、社会問題を個人の問題としてすり替えていくえげつない手法によって、若者が不当に貶《おとし》められていく構造が明らかにされている。

さて、大学教員は、一体どんな世界で生きているのだろう。果たしてそこは、博士学位取得後に何年もアルバイトを続け、待って待って待ち続けるほどに価値ある世界なのだろうか。フリーター博士たちにとって、〝思い焦がれる〟ほどの価値はあるのか。現場を覗いてみたい。

やっと結婚できそうです

和田さんは、去年、地方私立大学の専任教員に晴れて納まった。それまでは、ご多分に漏れず、非常勤講師の掛け持ちや肉体労働系のバイトなどで食いつないでいた。

「本当に、安心しました」

専任に採用された感想を求めた時の、彼の第一声がこれだった。それまですでに、五年ほどの歳月を〝待ち〟の状態で過ごしていた和田さんは、大学教員になる夢を半ば諦めかけていた。

「あと三年たっても専任採用が決まらなかったら、南の島にでも移住して菜園を作って自給自足の生活をしようかと、本気で思っていました」

この度の登用に安堵したという彼の気持ちが、痛いほどに伝わってくる話ではないか。

フリーター時代の和田さんの年間所得は、約二〇〇万円。専任教員になった現在、その所得は約三倍の六〇〇万円に増えた。

専任教員の基本的な労働形態は、労働に従事する主体者の裁量に依存する裁量労働制だ。給与の算出は、私学の場合、各大学の算出方法に拠っている。国立は、これまで文科省による人事・給与システムに一本化されていたが、独立行政法人となったことで、そのシステムは全国統一的ではなくなった。つまり、給与はそれぞれの台所等の事情にあわせてさまざまとなったのだが、一定のラインはある。専任講師はおおむね五〇〇万から六〇〇万円だ。

「これで、やっと結婚相手を探すこともできます。それまでの所得じゃ、とてもじゃないですが結婚生活なんか成立し得なかったですからね。つきあった彼女も何人かいましたが、皆、給料を聞くと、結婚は無理ね、と去っていきました。あれは辛かったですね」

大学院重点化政策は、少子化の一因ともなっているように思えてならない。結婚生活という、人が普通に辿るはずの社会生活の実現も、フリーター博士にとっては、往事のベルリンの壁以上に高いハードルとなっているのだ。

勤務は週三日

和田さんが専任になって一番驚いたことが、就業日数についてだった。

「それまで、私は朝も夜もなく、毎日毎日とにかくアルバイト三昧でした。博士号を持っていても、アルバイトでもらえる時給は、別段普通と変わらず、せいぜい八五〇円です。だから、いつも『日本では博士といっても何の意味もないよなあ』と思っていました」

ところが、専任になった途端、これが一変した。給与は、最終学歴が大学院博士課程修了となるので、最初から基本給が高く設定され、勤務日数に至っては、なんと週三日から四日だ。

「それまでとは雲泥の差です。年間所得は三倍。労働時間は約三分の一。私自身には何ら変わりはないのに、何か壁を一枚隔てた向こう側とでもいうべき世界に、この身が移っただけで、こうも自分の生活が変わるとは思ってもみませんでした」

壁の向こうとこちらは、まるで地獄と極楽のような違いがあると、和田さんはそれまでの生活を回顧するように、自らの言葉をじっくりと噛みしめた。

「最初、私はそれを単純に喜んでいました。しかし、時間がたつにつれて、だんだん喜べなくなってきたのです」

和田さんの生活は、それまでの地獄から、極楽へと確かに変わった。だが、そんな生活も慣れるに従って、素直に喜べなくなってきたというのだ。自らが専任となっても、単純にそれを喜んでばかりはいられない状況に直面してしまったからだ。

「私は運よく壁の向こうに行けました。しかし、私の友人・知人の多くは、未だ高い壁に遮られてみじめな生活を送らざるを得ない境遇にいるんです。しかも、〝こちら側〟に来て初めてわかったんですが、ここの住人は酷いんですよ」

和田さんたち三十代の研究者は、超のつく就職氷河期を生き抜くために、皆毎年数本の論文を書くのが当たり前となっている。和田さん自身も、この一年間だけでも単著による書籍一冊、専門雑誌からの依頼論文一本、英文ジャーナルへの投稿論文一本、大学紀要論文二本という業績をあげている。どれも、ファースト執筆（自分が筆頭となって書かれた論文のこと）だ。

「私たちにとっては、これくらいは普通です。苦しいのは確かですが、このくらい書いていても、専任への登用はなかなか見つからないんです。それからすると、私は本当に運がよかったんだなと思います」

和田さんが専任になったのは、運だけではなく相当な実力があったことは確かだ。その彼が、〝こちら側〟にきてみると、それまでの彼の常識からすると信じられないものを目にすることになった。それが、彼の疑問を増幅し、〝壁の向こう側〟の生活を喜べないものにする原因となっていた。

「多くの専任教員がほとんど論文を生産していないのです。そのほとんどは五十代以上。彼らは週に三、四日ほど大学にやってきて、講義をして会議に出て帰るだけです」

論文を書かない理由は、「教育に時間が取られるからだ」と説明される。

だが、週に三、四日の就業日数というのは、その他の日に「ご自分の研究をすすめてくださいね」という意味が含まれているのだ。講義期間だけ出て、あとは好きなことをしてくださいというわけでは、決してない。酷いケースでは、空いた日を利用して他の大学へ非常勤講師をしている人もいる。ただし、これは大学経営上にまつわる問題とも絡んでいるので、詳しくは後述する。

「あまり言いたくはないのですが、五十代なのに私よりも論文の発表数が少ない先生も少なくありません。博士号を持たない先生も然りです。私たち若手の研究者は、博士号を有していてさえ、最低数年、場合によっては一生アルバイト生活をせざるを得ないのですから、この光景は到底信じられないものでした」

だが、現在の若手研究者の就職に際し、現実に高い壁となって彼らをはね返し続けているのは、まぎれもなく、この五十代以上の先生方なのである。

「だからこそ、喜べなくなったのです。私たち若手のほとんどは、現在、どれほど努力しても半分はフリーターにならざるを得ません。ですが、私たちをはねつける立場の方々のなかには、排除される私たちよりもなぜか業績が少ないという先生方も少なくないのです」

一度でも専任になってしまえば、決してリストラがないのがこの世界である。既得権が完全に守られているとも言える。そうした世界で安穏とぬるま湯に浸かっている人たちに、「君はうちの大学の教員になるにはもう少し足りないね」などと一度でも言われたなら、一体どんな気持ちになるだろう。若手研究者は、何度となくこれを言われ続け、その挙げ句フリーターになったものも少なくないのだ。

「私は、自分のこれまでの研究や努力が、なんだか穢《けが》されたような気がしてきたんです」

和田さんが、〝壁の向こう側〟の世界を素直に享受できない理由はこれだったのである。

近年の現場では、数年前から導入された〝業績主義〟により、どの大学教員も遊ぶ暇もないほど忙しいという状況に変わり始めている。また、着々と進む少子化の影響から、国立・私立に限らず、教員が携わる業務内容は多岐にわたり激増しつつある。学内イメージの向上という理由から、教員が清掃業務に携わることを義務づけられるといったことも珍しくなくなった。高校へのリクルート（青田買い）に走らされることもある。教員が、講義と会議だけをしていればよい時代は、遠く過ぎ去ろうとしている。

しかし、その割をくっているのは、中堅から下の比較的若いとされる層である。給与は下がることはあっても、上がることは稀という雰囲気も醸成され始めた。専任教員は、かつて〝美味しかった〟と言うべきかもしれないことをここに付記しておく。激しい急流に、業界全体がもみくちゃにされているのが、戦後最大の過渡期を迎えてしまった今といえる。

教員間格差

さて、その和田さん、専任になる前は非常勤講師だったことは前述した。専任だろうが非常勤だろうが、〝講義を受ける側〟からしてみれば、同じ先生に見えるのだが、何やら違いがありそうだ。

「非常勤時代は、九〇分の講義を受け持って、大体七〇〇〇円くらい頂いていました。月にしたら三万円弱ですから、到底、一つの非常勤だけでは食べていけません。私は四つ掛け持ちしていました」

それでも、月一一万円くらいにしかならない。しかも、講義で教えるために読んでおくべき資料や書籍などの経費については、大学からの支給が一切なく、すべて持ち出しの状況だったという。

「いくら掛け持ちして稼いでも、資料や文献などの準備にお金が消えていくんです。なので、そうした分の補填にあてようと、月六万円くらいになるように、時給八五〇円のアルバイトをしていたんです」

時間に換算すれば、時給八五〇円で六万円稼ごうとすれば、おおむね七〇時間は必要となる。一日八時間のバイトをするとしても、一カ月に約九日間必要となる。とすれば、週に二日は、こうした時給アルバイトにあて、残りの五日間で四つの講義を掛け持ちするという生活となる。当然土日もない。

「九〇分の講義をするのに、私は平均その二倍の時間をかけていました。多いときには三倍になります」

こうした授業準備の時間と、大学までの移動時間、掛け持ちしている大学と大学の間を行き来する時間などを考えると、一日はあっという間に過ぎ去ってしまう。しかも、彼ら非常勤講師は、専任に成り上がるために多くの業績を上げ続けなければならない。空いた時間をすべて自らの研究に費やしても、まったく時間は足りないはずだ。

「いくら働いてもお金は残らず、自分の時間すらほとんどありませんでした。疲れから、気分転換をしたくなる時もありましたが、そんなお金もないのでできません。加えて、保険もない状態でしたから、一刻も早く専任に成り上がりたいと、それればかりを願ってました」

これでは完全な、「ワーキングプア」である。

一方、専任はどうか。

まず、授業準備に使用する資料や書籍代は、大学の経費ですべて賄われる。現在ではインターネットを利用した情報取得も必須だが、こうした経費ももちろん大学側によって保障されている。非常勤講師は、自宅でインターネットを使うが、もちろん自腹。

専任には、個別の部屋が与えられていることも見逃せない。部屋があれば、そこに資料や文献を整理して置いておくこともできるし、個別の作業にも集中できる。だが非常勤は、基本的にすべて自宅作業だ。コピーすらも自腹となる。

では、自らの研究についてはどうか。

専任は、学会への参加費や旅費、発表にかかる経費などは、すべて大学から支給されている。細かいことをいえば、発表準備に用いるパソコン等の機材や紙、インクも経費でまかなわれている。一方、非常勤はすべて持ち出しだ。こうしてみると、専任と非常勤の間には、単に月収の違いだけでなく、経費の支給が大きな差になっていることがわかる。

これほど優遇されている専任教員が、もし、非常勤に比べて論文生産が悪いとしたならば、一般市民はどう思うだろうか。和田さんの悩みもわかろうというものだ。そして、最も滑稽なのは、たとえこうした教員間格差があったとしても、講義を受ける側からすれば、専任も非常勤も同じ先生としてしか、その目に映っていないということだ。

ところが、一方は年収六〇〇万円を保障され、必要経費や保険にも不自由していない〝本物〟の先生であり、他方は、年収二〇〇万円・経費自腹・保険なし・貯金なし・嫁さんなしの〝バイト〟センセなのである。もちろん、講義を受ける学生さんたちは、そんなこと、知るよしもないだろう。寂しいかな、非常勤講師。

進む講義のアウトソーシング化

こうした教員間格差は、まったく是正されることなく放置され続けている。同じように〝講義〟を行っているにもかかわらず、専任と非常勤の間には、とてつもなく大きな待遇差が存在し続けているのである。

そこには、経営上のメリットがあるからに他ならない。一つの講義について、専任と非常勤が担当するコストの差は、給与体系や経費・保険などの保障といった観点からすれば、軽く三倍以上の差がつくだろう。先の例で言えば給与だけでも、片や六〇〇万円、片や二〇〇万円以下なのだから。

「同じ講義なら、一円でも安くやれるほうがいい」に決まっている。それが経営の論理だ。ヘタに専任を使えば高くなるのだから、それまで専任を使っていた講義についても、どんどん非常勤講師にやってもらうということが進んでいく。すると、どうなるか。

ある私立大学では、その大学で開講している全講座の専任教員による担当率は、わずか二四％だという。七五％の講義は、大学で正規に雇われている教員によってではなく、その大学に本来関係のない外部の人たちによってまかなわれているのだ。

大学の教育的義務の側面を考えると、これはまずいのではなかろうか。しかし、超少子化時代を迎えた大学にとって、そんなことはいっていられない。どこも、自らの生き残りだけをなりふり構わず考えるご時世なのだ。

こうしたなか、大学は自らが提供する講義から、すでに教育的配慮というエッセンスを消し去り、単に知識や情報のコンテンツを提供するという方向に姿勢を移し始めている。ようするに、お客が喜ぶコンテンツの提供や、お客集めになりそうな面白講義の類を数多くそろえようとし始めたのだ。学生はあくまでも、大学にとっては〝お客さま〟であり、本来の教育ではなく、お客を喜ばせ、客集めにつながる「商売」を行うことが、大学にとって大事なこととなったのだ。最近、どこの大学も〝特殊講義〟の類が増えているのは、そうした背景によるものだろう。

お客を飽きさせないような、いろとりどりのメニュー（講義）を準備するためには、〝面白講義〟ができる、さまざまな人的資源が必要となる。そうした人材を、大学内部だけですべてまかなうことは不可能である。つまり、一人の専任教員が持つ引き出しの数よりも、複数の人間を少しずつ寄せ集めることで、異なるさまざまな種類の〝講義〟コンテンツの確保を容易にする組織構造を作り上げるほうが、経営上重要となっているのである。

こうして、講義はまたも外部に発注されることとなる。人件費抑制と多様なコンテンツの提供という二つの目的を同時に満たすために、講義のアウトソーシング化は、どんどん進められるのだ。

皮肉なことに、かつてないほどの究極の買い手市場が、その成立――大学経営者にとっては都合のよいこと――を何事もないかのごとく可能としている。こうした雇用体系は、これまで見てきたように非人間的ともいえる労働環境を作ってしまうにもかかわらずだ。

大学が客集めのために提供したいと思っている講義を、安い報酬で大学の時間割にあわせてやってくれる研究者。しかも、文句もいわず。そんな〝都合のよい研究者〟は、普通であれば見つからない。だが、未曾有の人余りに見舞われている現在の大学教員市場は、いとも簡単にそれを可能とするのだ。なにしろ〝博士〟など掃いて捨てるほどいるのだから。

特任制度というご都合なもの

アウトソーシングは、もはや教育に限ったことではない。大学を大学たらしめている〝研究領域〟における活動でも、それは次々と進行している。

たとえば、どこの大学でも、現在、自らの存在をアピールすることに余念がないが、名前を売るためには、ウリとなるものを必要とする。つまり、看板やアドバルーンを揚げるための具体的成果物――いわゆるタマ――だ。

その最たるものが、優れた研究に重点的に予算を配分するCOE（センター・オブ・エクセレンス）と呼ばれるものや、「特色ある大学教育支援プログラム」（GP＝Good Practice）などと呼ばれるものだ。GPとは、大学教育について改善の提案を行うプログラムのことを指す。この計画は、各大学で独自に考えられる。計画が文科省の目にとまれば優秀な〝GP〟であるとして採択され、GPの計画にある目的達成のための財政支援や社会への情報提供といったメリットを享受できる。大学や教員へのインセンティブ、また、高等教育の全体的活性化がその主たる目的だ。

中規模以上の大学では、COEに採択されることが、大学の最重要戦略の一つとなっており、逆に小規模の大学や短大では、大学教育支援プログラムの独自開発を財政的に支援してくれる、また大学の試みを外にアピールできるという意味でも〝GP〟などに採択されることが大きな目標となっている。

一旦それら〝ＣＯＥ〟や〝ＧＰ〟に採択されたとなれば、大学をあげてＰＲしていくこととなるのはいうまでもない。

そのこと自体は何ら問題ない。問題は、大学が提示する計画の中身に目を移したときに発見される。

作ったプログラムの実施にあたって、その大学に所属している専任教員以外の名前がそこにある場合が少なくないからだ。しかも、彼らがプロジェクト・リーダーとなっているケースも珍しくない。

いわゆる、ビッグネームの引き抜き。民間で活躍している、〝技術者〟や〝実践者〟を「特任教授」として大学に招聘するウルトラＣだ。

文科省が用意したプログラムに採択されるということは、大学にとって最高の誉れとなる。だが、結果を残すことは容易ではない。自前の教員だけでは難しいことも多々ある。現場もそれを自覚している場合が少なくない。だからこそ、〝助っ人〟が必要となる。

問題となるのは、実はここからだ。いわゆる〝助っ人〟を大学に招聘する場合、ハードルとなる部分がでてくるのである。それは、助っ人が〝実践者〟や〝技術者〟であって、〝研究者〟としての経験を積んでいないということである。

つまり、博士号や研究論文の有無が問われるということだ。大学というところは、あくまで表向きではあるが、そういう部分をかなり気にかける。博士号や研究経歴のない人を、大学に招いて、そのままアカデミズムの住人となってもらうことは、大学における一般常識からいえば、ほぼありえない。だが、助っ人は確実に必要である。一計をめぐらす必要がでてくる。そこで、「特任」教授の出番である。

運営する大学側の本音をいえば、大学の名前をあげてくれるような結果を出してくれるのなら、どんな人であれ〝ウェルカム〟であって、そのためには、その人が博士号を持たないとか、研究者として研究論文を書いていないなどといったことに目をつぶることもいとわない。大学というところは、実はそういう柔軟性もあわせもっている。

ただ、だからといって、正規の教授にするには、多少抵抗がある。教授になるには、普通、アカデミズムの世界でどれほどの業績をあげてきたのかといった審査が課されるからだ。博士号すら持たない状態で、教授になるということは、現状ではありえないことなのだ。教授の上に「特任」という〝おまけ〟が、わざわざ付随する理由はここにある。

教授の上に、「特任」がつけば、それはその名称が示すように、正規の教授とはみなされない。正規ではないのだから、博士号を持っている必要もない。しかも、上におまけがつくとはいっても、対外的には「教授」となる。こうして、晴れて〝特任〟教授も、大学教員の一員となることが許される。

これまた、大変、都合のよいシステムとはいえないだろうか。特任の名のもとに、大学の経営を実質的に裏支えする〝教授〟は、このようにして次々と生み出され、そして、数年すれば切り捨てられていく。多くの場合、プロジェクトは数年単位で終了するからだ。

守られる矜持

Qちゃんこと、シドニーオリンピック・マラソン競技・金メダリストの高橋尚子氏が、母校・大阪学院大で、その特任教授に就任したのは、二〇〇六年一一月一日付のことだった。時に、Qちゃんは三四歳。

現在、研究者を目指す若者が、三四歳で教授になれる見込みは、ほぼない。ただし、東大、それも法学部などをストレートで卒業し、大学院の課程中途で博士号を得、二十代後半にして准教授に就任するスーパー・エリートは存在する。しかし、これは例外中の例外である。

Qちゃんが、いかに若くして〝教授〟になってしまったか、お分かりいただけるだろう。

大学の専任教員を見渡せば、五十代でも教授待ちをしている准教授がザラにいるなかで、大学の外からやってきた〝民間人〟が、三十代前半で、特任とはいえ教授になってしまう現在の状況は、内部にいる人間にとってはたまらないはずだ。

教授への野心を燃やす専任教員の多くは、現在、博士号を取得するまで最低一〇年近くの歳月をかけ、投稿論文を年に数本書き、嫌いな飛行機にのって海外発表にでかけ、単身赴任で在外研究員をやり、学閥の波にもまれ、つまらない会議にも出席しながら、席順ゲームのアガリである〝教授〟をじっと待ち続けているのである。そして、あがれずに終わる人も決して少なくないのがこの世界なのだ。

そうした現実を横目に、本来の研究者道とはまったく異なるところからやってきた人が、教授へのホップ・ステップである、講師も准教授も飛び越えて、いきなり教授となってしまうのだから、業界の人間の気持ちは推して知るべしだろう。いくら大学の名前を売るためであり、経営上の戦略であっても、通常であれば内部の人間に納得できる話ではない。

だが、現実には、専任教員とそうした特任教授は、力をあわせて仕事をしている場合が少なくない。なぜか。

特任教授は、〝特任〟だからである。上におまけがつくことで、本職の研究者たちは「自分たちとは違う」という認識が持てるのである。つまり、〝特任〟の文字は、専任たちのガス抜きの役割を果たしているのだ。

「教授とはいっても、〝特任〟だからな」。そういって、溜飲を下げるのだ。

そうでなければ、〝その道〟に入り、一〇年も二〇年も修業してきたものたちの矜持が保たれるはずがない。

ある大学のＣＯＥプロジェクトで、〝特任〟教授を務める先生は、「特任なんて失礼じゃないか。普通に〝教授〟では、なぜいけないんだ」と怒りをぶちまけていたが、そんなことになったら、おそらくその研究プロジェクトは成り立たないだろう。

組織の経済的基盤を強化するためとはいえ、こうした肩書き制度が恥ずかしげもなく導入されているのが、大学教員ポストをめぐる実態の一つとなっている。大学は、生き残る選択として、もはや〝教育〟ではなく、〝商売〟に精をだすことに必死なのだ。

任期制度は有名無実

三八ページのコラム３でふれたように、大学教員の肩書きは、上から順に、教授、准教授（かつての助教授）、講師、助教（かつての助手）となっている。もちろん、〝特任〟がつけば、同じような順番の肩書きが増えていく。特任教授、特任准教授、特任講師（特任助教というのはまだない）。また、この順列からは外れるが、研究員（ポスドクはここに含まれる）、非常勤講師というのもある。

いま、分類上の見やすさを追求するために、便宜的にこれらを以下のように呼んでみたい。教授以下の専任ヒエラルキーを、〝王道ライン〟。特任教授以下のヒエラルキーを、〝変則ライン〟。研究員や非常勤講師を、〝使い捨て資源〟。

このなかで、いわゆる常勤とされるのは、〝王道ライン〟だけである。特任制度などの〝変則ライン〟は、おおむね五年程度の任期で雇われている、プロジェクト完遂のためのプロ集団であって、任期が切れるとその後はどうなるかわからない。そういう意味では、非常勤に近い形態の雇用と言えるかもしれない。

そして、完全なる非常勤雇用となるのが、研究員やその名のとおり非常勤講師である〝使い捨て資源〟である。彼らは、基本的に一年ごとの契約更新制によって雇われており、雇用側の都合でいつ首を切られるかわからない不安定な身分だ。つまり、任期がない終身雇用で守られた世界というのは、〝王道ライン〟のみということだ。

その終身雇用が守られた唯一の世界に、少し前から、任期制が導入され始めた。全国の大学における適用校は、増加の一途をたどっている。たとえば、平成一〇（一九九八）年に任期制が導入された大学は、国立一四、公立二、私立五校であった。それが平成一四（二〇〇二）年になると、国立六五、公立一二、私立一一九校と激増している（「学校基本調査」調べ）。

任期制の広がりは、若手研究者にとって歓迎すべきことである。なぜなら、成長後退期における終身雇用制度の下では、通常、〝上がいなくなるまでポストが空かない〟という待ちぼうけをくわなければならないところに、制度によって、その〝上〟が強制的に空けられるという希望が見えてくるからだ。

そういう意味では、広い世代にわたって公平感が広がり、一見するとよいことだらけのように見えるだろう。だが、実態は少し違う。実は、対象者によって適用率が変わっているのだ。教授への適用一・七％、准教授への適用一・八％、講師二・九％、助教七・九％（平成一四年時点）。教授と助教との間に見られる適用率の差は、四倍以上。何のことはない。相変わらず、立場の弱いところから切り捨てられていく構造が、ここでも繰り返されている。

さらに、その任期制であるが、なんと再任回数は無制限であるという場合も少なくない。教授や准教授へは、ただでさえ適用率が低いうえに、再任も無制限に妨げられないということであれば、実質、この制度は機能していないのも同然といえよう。

おまけに「教授」は定年になっても、それまでの研究および教育的貢献という理由から、

〝特任〟教授へと立場を移してさらに数年の間、大学に居続けることも希ではない。

考えてみれば、一度、専任になった立場のものたちが、「任期制が導入されます」といわれて、「ハイそうですか」などと簡単に納得するはずもない。抜け道が造られるのは当然である。こうして、またも既得権は、がっちりと守られていく。この業界への新規参入の壁は、このように高いのである。

業績主義の光と影

最近、大学が主催するシンポジウムなどに出かけると、「近ごろは業績主義が導入され、教員も毎年論文を生産せねばならず、相当に忙しい毎日です」などといった発言が、壇上から聴衆に発せられることが珍しくない。事実、研究大学などを中心とした、それまでも論文生産に意欲的だった大学は、これまで以上に高い生産性を求められるようになっている。

独立行政法人となった元の国立大学は、大学全入時代を迎えて、生き残りをかけた仁義なき戦いに突入したといえよう。研究論文がどれほど生産されたか、また、それら論文の被引用回数がどれほどあったかなどが、大変重視される時代になったのだ。

一方の私立大学でも、こうした業績主義は同じように導入され始めている。日本には、学術振興のための助成金として「科研費」というものがある。文科省に申請し、独創的・先駆的な研究の発展に寄与する可能性ありと認められれば、これがおりる。その件数の増加は、大学の知名度アップにも有効となる。

「とにかく、科研費をとってください」

中京地区にある大学の准教授は、経営サイドからせっぱ詰まった様子でこんな風に懇願されたそうだ。いよいよ、どこの大学でも「倒産」を明確に意識し始めたということだろう。

地方の経営基盤の弱い私立大学ほど、こうした動きには敏感に反応する。だが、その地方私立弱小大学が、業績主義を勇んで導入すればするほど、実は、自らの首を絞めることにもつながっていくから、まさにこれは諸刃の剣である。

一口に「業績主義」というが、最近は、一本の論文を一人の研究者だけで生産することはまれになってきている。高価な機材を共有しながら高度の知識を有する人たちと一緒に観察や実験を行い、分担して論文を執筆するというスタイルが増えてきているのだ。

すると、どういうことが起こるか。

大学院生などの多くのスタッフを抱える研究大学と、そうしたスタッフや予算をほとんど持たない地方私立単科大などの間では、論文の生産効率という点で埋められない差が開いていくのである。加えて、研究大学と、いわゆる地方弱小大学との間には、研究環境を構成する〝空気〟に致命的な差が見られるからその差はますます広がっていく。

研究大学では、論文を生産することが〝当たり前〟という空気が流れているが、逆に地方私立の弱小大学では、論文を生産しないことが〝当たり前〟という空気が流れている場合も少なくないからだ。こうした大学では、能力と意欲のある教員だけが、自主的に研究を進めている。つまり、業績をあげられる環境にあるかどうかといったことについては、すでにスタート時点で、大学間に大きな差がついている場合が少なくないのだ。

さらに、業績をあげられるような優秀な教員は、他から引き抜きがくることも珍しくない。もっといえば、そういう優秀な教員ほど、船が沈みかけたことを敏感に察知して、沈没船からいち早く逃げ出すことを考え始める。すでに逃げた教員も多いといわれている。つまり、現時点で競争力の小さな大学が、いまさら〝業績主義〟を導入しても、すでに手遅れということだ。これが一〇年前なら、まだ間に合ったかもしれないが……。

これら経営的に脆弱な大学では、経営する法人サイドが大学教員の心理に疎かったのかもしれない。大学教員というものは、すきあらばより待遇のよいところに移ろうと考えている場合が少なくない。自らの力に見合ったと自らが考える環境に移っていくことは、少しも不当なこととは考えていないからだ。移動に伴ってステップアップする場合――助教から准教授へなどのパターン――や、給与の高い大学にリクルートされれば、多くの教員は移籍をいとわない。

教員の頻繁な移籍が起こる一因として、大学内では給与が職種や勤続年数によって決まっていることも無視できない。論文を年に一本も生産しない教授と、年間一〇本の論文を生産する准教授では、大学にとってどちらの貢献度が高かったかはいうまでもないだろう。だが、給与はもちろん教授のほうが圧倒的に高いのである。

業績をあげているにもかかわらず、年齢制限の内規などでなかなか教授にあがれない准教授が、もし他大学から「教授でうちにきませんか」などと誘われたら、躊躇する理由はない。逆に、役職が同じならば、業績をあげても、業績をあげなくとも、もらえる報酬に変わりはないのだから、楽をしようと考えるのも当然である。それは、自然の理である。

こうして、業績主義の美名のもとに、淘汰という現実がヒタヒタと迫ってきている。経営状況の思わしくない大学からは、優秀な人材ほど早く逃げ出し、人件費抑制に熱をあげる法人サイドは、ことの重大さに気づくこともなく「口減らし」ができたと単純に喜ぶ。こうしたことの結果が目に見える形（倒産）で、我々の目に映るようになるまでそう時間はかからないはずだ。

そして、あと一〇年もしないうちに、現在すでに破綻している教員市場バランスを、さらに壊滅的に破壊するほどの「無職者」たちが新たに追加され、このあぶれた教員たちが再雇用を求めて市場をさまようことになるだろう。それは、高学歴ワーキングプアの〝中途生産〟にほかならない。

ピラミッドはくつがえるのか

日本全国の大学は、東大を頂点に完全に序列化されていることはよく知られている。それは、教員の評価にも直結している。

教員は、どんな業績をあげているかよりも、どこの大学に所属しているかによって、世間的な評価を受けていることを自覚している。だからこそ、一つでも序列が上の大学に所属したいと思うのである。序列が上の大学に所属することで得られるメリットは、実はこうした世俗的な価値観からだけでなく、実務レヴェルでもさまざまに多い。それは、逆にいえば、序列が下の大学にいくと苦労が増えるということでもある。

「早稲田にいたときは、助成金で苦労したことがなかったんですが、こっちの大学に移ってからは、まったく助成金がとれなくなりました」

こう語るのは、早稲田の助手から、ある地方中堅大学に助教授で引っ張られたＡ氏である。

Ａ氏は、助教授待遇に魅力を感じ、早稲田から移ったのだった。

「都落ちにはなりますが、肩書きは上がりますから。助手など、いつ職を失うことになるかわかりませんし（助手は基本的に任期制。コラム３参照）、社会的にも信用度は低いでしょう。助教授を選択したのは、給与の他にも、社会的地位の向上という点で魅力があったからです。ただし、デメリットもありました」

学術振興会や文科省、厚労省（厚生労働省）などに助成金を申請する際、明らかに採択率が落ちたと感じるようになったというのだ。

「東大の院生時代や早稲田の時には、こんなことはありませんでしたから、明らかに大学の序列で不利になっていると思います」

Ａ氏は、個人的なポジションとしては、位置を上にもってくることに成功したが、研究者として研究を進めるうえでは、不利な立場に立たされたと感じている。

「できれば、近年中に再度、早稲田に助教授か教授で移りたいですね」

ピラミッドの階段を、一段上に上ろうとすることは、何もこうした個人的な活動にとどまらない。日本全国の大学も同じように、一つでも階段を上りたいと思っているのだ。ただ、すでに完全なまでに各大学間の序列がハッキリとした今のピラミッド構造のもとでは、たった一つの階段すら上ることが難しいというのが、現在の大学を取り巻く状況となっている。ここが、大学と高校をめぐる状況の最も大きな違いとなっている。

高校は、大学ほどに完璧な序列が組まれているわけではない。一〇年も経てば、各高校間の序列にはかなり大きな動きが見られることが多い。その理由としてよくいわれるのは、「高校には、甲子園と東大がある」というものだ。関西の私立高校でセンター試験を悪用した合格者の水増しアピールがあったことは記憶に新しい。学校間序列の下克上を大きく意識した結果であったように思える。

つまり、甲子園に出場するか、東大入学者数を増やせば、高校の〝格〟は一気に上がる。だが、大学にはこれに代わるものが何もない。この違いは大きい。これは、己の大学の序列を上げるには、何を世間にアピールすればよいのかという明確な目標の提示が難しいということを意味する。

「今年、ウチの高校は東大合格者が一〇名出ました」というほどに匹敵する、世間への明確なメッセージを打ち出すことは、大学にとって容易ではない。だからこそ、現在多くの大学では、資格やスキルの獲得、就職の完全サポートなどのサービス体制の良さなどといったことを、ことさら世間にアピールしているのだろう。

「ウチにくれば、このような資格を得ることができます」

だが、どこの大学も同じようなことをやっているのである。そうであれば、大学全入時代の今、入学希望者の選択が〝伝統的な優秀校〟や〝偏差値上位校〟に傾いていくことは避けられないだろう。学校のブランドとは、こういう時に生きるのである。

結局、よほどのことがなければ、大学の序列を上げることは難しい。その〝よほどのこと〟とは、たとえば、その大学から〝ノーベル賞受賞者〟が出る、あるいは超有名人を呼んできて〝スター教授〟になってもらう、といったレヴェルの話になってくる。

前者は、計算してもできることではない。しかし、後者は資本力のあるところなら可能となる。すると、やはり体力のある大学が、そうでないところに比べて下克上のチャンスを掴む可能性が高くなる。つまり、一八歳人口がピークを迎えた九二年までに、コツコツと蓄財を行った法人にこそ、生き残るチャンスが残されているということだ。

大学がブランド力を高めるためには、もう一つの最も基本的な、しかし最も効果的な方法がある。自学の学生を大事に育て上げることである。先の二つの方法に比べて即効性はないが、これに成功すればその後一〇〇年は安泰となる。

大学のなかには、付属の中学や高校を持っているところも多い。逆に、中学や高校が母体となって大学を運営しているところもある。こうした、十代前半から二十代にかけて一貫した教育ができる学校法人には、下克上のための秘宝が隠されているといっていい。それが、自校の学生たちだ。彼らを大事に育て、そのノビシロを最大限に伸ばしてやり、よりよい人生を送るためのサポートを真摯に実行していく。そのことによって、学生たちは母校に愛着を持つだろう。

すると、我が子も同じ学校に通わせたいと思うようになるはずだ。それは、孫までも続いていくだろう。すると三代、一〇〇年の間、学校は、卒業生の一族から愛されるということになる。学校にとって、これほど喜ばしい話はない。

ただし、初期投資に最低一〇年以上はかかる。これをどう考えるか。学校のアイデンティティと深くかかわる部分である。

生き残りをかけ、これからも大学間競争は激化するだろう。とくに私学にとっては、厳しい世の中になるはずだ。それが焦りを生むのかもしれない。だが、そのことが、実は自らの首を絞めている可能性も否定できないのである。

「学生やその両親を利用するような経営をしている」と、もし、世間がその学校の法人に疑惑の目を向けたとしたら、自らの身の破滅を招くだけだ。経営の論理から、大事な学生を大学院に引っ張り込むようなマネをしている場合ではないのである。

私学は、自校の大学院を修了した院生——高学歴ワーキングプアにならざるを得なかった人たち——をもう少し大事にすべきだろう。そのことが、後に自校を支えてくれる礎《いしずえ》を造ることにつながるのだから。

教員市場をめぐる未曾有の人余りによって、おかしな雇用がまかり通っているのが現在の状況である。非常に少数の専任教員と、その数倍の非正規雇用の教員が、一つの大学のなかに同居している。

だが、大学における講義の半数以上は、非正規雇用の教員によってまかなわれているという有様だ。買い手市場の原理が、これほどまでにハッキリと現れている世界も少ないのではないだろうか。弱い者にとっては、仕方のないことかもしれない。

だが、教育全体の本質を考えても、なお「仕方がない」と言えるのだろうか。日本の未来を支える若者に対して、現在のような接し方・教育のあり方——大多数の講義がフリーター教員による――が、将来の利益になると言えるのだろうか。
教育は、その学校に正規に属する教員によって行われることが大事ではないか。講義だけを与えていればよいというのであれば、それは、教育ではなく商売をやっているということにならないだろうか。そのツケは、間違いなくそう遠くない将来にやってくる。

第5章　どうする？　ノラ博士

ノラ博士

放置され続ける余剰博士問題。一万二〇〇〇人の無職〝博士〟に加え、その数倍の規模で存在する無職のオーバードクター（博士課程に三年以上在籍し、かつ、博士号を得ていない者）。そして、毎年新たに加算される五〇〇〇名の無職博士卒（単位取得退学者および修了者）たち。

彼らは、三〇歳を超えて――四〇歳オーバーも少なくない――、行く当てもなく、街をさまよい歩く日々が続いている。本業では食えないので、コンビニなどでバイトをしたり、あるいはパチプロ生活のようなその日暮らしをしながら、日陰者として細々と日々の飢えを凌いでいるのだ。

大学院重点化政策により、大学院に入る時にはちやほやされ、博士課程までの五年間に三〇〇万円（私立では六〇〇万円）ほどのお金を支払った後に、「就職は自己責任でしょう」と、手の平を返したように冷たく放り出される。これは、飼い犬を「用がなくなった」といって捨ててしまう行為と、一体どこが違うと言うのだろう。

仕方なくフリーターや無職者になってしまった彼ら。だが、さらに追い打ちをかけるように、世間から白い目が向けられる現実が、そこには待ち構えている。「いい年して、なにふらふらしてんだ。あっちへいけ、この穀潰し」と。これでは、まるでノラ犬同然の扱いである。

子連れの夫婦などは、日中から街をふらふらと歩いている「博士」を見つけると、危険なものを見つけたかのように反応し、我が子を自らの背中にサッと隠すことも珍しくない。「アアは、なっちゃだめよ」との声が聞こえてくるのは、こんな時だと、博士たちは涙ながらに語るのである。

どこにも行く当てのない〝ノラ博士〟たち。このまま、ノラ犬として朽ち果てていくだけなのだろうか。あるいは、世間という目からの〝野犬狩り〟にあって、社会との縁を失う末路が待ち受けているのか。

ノラ犬にも五分の魂。ノラ博士たちは、そろそろ、生き残るための反逆の狼煙《のろし》をあげてもよい頃ではないか。どうすれば、本業と少しでもかかわりのある社会貢献ができるのか。ノラ博士たちを生かすための何らかの方法は社会のなかにないのだろうか。

ノラとはいえ、博士をこのまま朽ち果てさせるのは、あまりにももったいなくはないか。こんな人材の無駄遣いを知ったら、マータイさんも、びっくりだろう。「さすが、モノ余りの国、日本。高等教育を受けた博士までも、余っているのですか。MOTTAINAI」と。

このあたりで、自立したノラとなるための方法を模索してみる必要があるだろう。

サトウ教授の提言

「博士をフリーターにして世の中は得するの?」

こう疑問を呈するのは、立命館大学のサトウタツヤ(佐藤達哉)教授だ。サトウ先生が問いを投げかける理由は、次のようなものだ。

「専門を、ある程度極めた人間を、それとはまったく関係のない仕事につけることは、社会全体の不利益にもなると思うのです。なぜなら、そうした専門家を作り上げるために、社会はそれまで大きな投資をしているのですから」

大学入学から数えて、博士号を取得するまで最低約一〇年。博士の教育には、家庭からの支出の他に、社会からも多額の税金が投入されている。博士の専門知識を生かさず、本来得意とはしないような分野で働かせ、その能力を眠らせてしまうのは、社会的投資をまったく無駄にしているということなのだ。

投資した社会資本が無駄に使われた場合、通常であれば、市民の怒りを誘発するはずだ。だが、無職博士問題については、労働意欲や向上心、責任感といった若者のパーソナリティと関連づけた、軸のずれた問題と混同され、その問題の本質は個人に帰結され、うやむやのままに放置されがちだ。

それは、「博士」を作り上げるのに、社会的資本が投資されたという重大な事実が、誰からもほとんど認識されていないからではないだろうか。道路を造って、もし誰もそこを利用しないようであれば、「なんでこんなところに道なんか造ったんだ」と、市民から非難されることは必至だろう。博士とて、同じではないか。

「なんで、こんなに博士を作ったんだ」。市民から、こう非難の一つもあってよさそうなものだ。なぜなら、博士は、国策によって増産されたからだ。気がつくと、大学院に引っ張り込まれ、課程博士が終わればノラ博士。今や、右を見ても左を見ても、ノラ博士で大学キャンパス近くの道はあふれかえっている。だがそれは、計画によって生み出された光景であって、決して個人の問題ではないのである。

だからこそ、社会は、こうした人的資源の無駄遣いを生み出している政策を指弾し、資源の再利用を求める権利を行使していくことが求められる。なにしろ、自らの税金が無駄に使われているのだから。

日本には、もはや無駄金を使う余裕は、これっぽっちもないのは誰もが知っていることではないか。庶民の大切なお金が、一〇年以上も無駄に使われているのである。

さて、その無駄をどうすれば、解消することができるのだろうか。先のサトウタツヤ教授は、その解答を示してくれる。

「ボトムアップ的人間関係の構築にこそ、〝博士〟資源の再活用の道が隠されています」

サトウ教授は、現在、「ボトムアップ人間関係論の構築」というテーマで研究を行っている。人間関係というと、通常は、次のようなものがすぐに思い浮かぶ。親子関係、恋人関係、職場の人間関係など。だが、と教授は続ける。

「これらとは別の視点で捉えられるべき、人間関係があるのです」

医者と患者。先生と生徒。介護士と介護される人。すなわち、医療、教育、福祉の場での人間関係が非常に重視されるようになってきたと、教授は考えているのだ（「現代のエスプリ441　ボトムアップ人間科学の可能性」至文堂）。

だが、こうした人間関係には、通常、ある種のパワーポリティクスが働いている場合が少なくない。そして、これが、相互の関係にさまざまな悪影響を与えていると考えられている（「ボトムアップ人間関係論の構築〈特集 現場からの知〉」二一世紀フォーラム〈政策科学研究所〉94）。

たとえば、〝治療する人／される人〟、〝教える人／教えられる人〟、〝世話をする人／される人〟。こうした場合、どうしても前者が強く後者が弱い立場に立たされる。人間関係は平等ではなく、強者と弱者という構図が生み出されている。

「これを、平等的な人間関係にすることが大事です」

それぞれが、〝共に治す〟、〝共に学び考える〟、〝共に心地よい生き方を支え合う〟。こうした人間関係が構築されることが、よりよい市民生活を送るための重要な視点になる、とサトウ教授は考えている。つまり、高度なサービスを一方的に〝受ける〟のではなく、〝サービスを介した良好でフラットな人間関係の構築〟こそが、大事だということだろう。

「博士の力を活用すれば、これは解決し得るのです」

高度なサービスを介した人間関係に、上下関係ができてしまうのは、サービスの供給側が圧倒的に高度な知識を大量に有しているからだと考えられている。こうしてできた上下関係の間に介入し、高度な専門知を一般の言葉へと置き換え、難解な情報が正しく理解された形でサービスの受け手に共有できるようになるとすれば、歪みは解消される。

「博士こそが、そのつなぎ手として最も可能性を秘めた存在となるのです」

あぶれるノラ博士を生かすには、こういう方法もあるという例として、希望あふれるものではないだろうか。高度なサービスの仲介者として、手数料収入を得ることもできるかもしれない。

ノラ博士が弱者を救う

近年、法科大学院というものが、全国の大学に雨後の筍《たけのこ》のように設置された。この専門職大学院は、ニュースでもよく取り上げられていたように、日本の法曹人口を増やそうという目的で設置されたものだ。

平均修養年限三年の課程を終えると、「法務博士」が授与される。同時に、新司法試験が受けられるようになる。だがそれは、修了後、五年以内に三回までという制限がある。

では、三回までのチャンスに合格できなければ、彼らはどうなるのだろうか。いくら法務博士になったといっても、司法試験に合格しなければ、専門職課程での経験も生かす場がないではないか。

実は、大学院に再入学すれば、二年後〈法学の知識を修めた経験〈法学士〉があると認められた場合には、三年ではなく二年で修了できる〉には、また、再受験のチャンスを得ることができる。こうした抜け道が、密かに用意されているのだ。だが、こんなことを一体誰が望むというのだろうか。

新司法試験の合格率が、医師国家試験並み（平均八〇％以上が当たり前）というのであれば、万一、運悪く三度の試験に失敗しても、「もう一度だけ」という気が起こるかもしれない。だが、〝新〟とはいっても、そこは司法試験だ。受験者の半数以上は落ちることとなる（第一回の〝新司法試験〟合格率四八・三五％）。大学院が大増産された今、その合格率は、学校の設置数がアップしていくのとは裏腹に、大きくダウンしていくことは必至だ。

つまり、何度チャレンジしても合格しない人たちが生まれることが避けられない情勢となっている。彼らは、〝法務博士〟ではあるが、〝ただの人〟となるのだということを、このことは意味している。

いつか辿ってきた道が、今また、ここに現れようとしていることがお解りだろうか。そうだ。ノラ博士が、またここに、大量に生まれようとしているのである。多くの時間とお金、そして税金をかけて、どこにも活躍の場を求めることができない、高学歴無職者を、またもや生産しようとしているわけだ。こんなことは、無駄以外の何ものでもあるまい。

今後、大量に輩出されていくと予想されるノラ〝法務博士〟は、一体どこに行き場を求めればよいのだろうか。

法学博士の池田さんが取り組もうとしていることが、その解決策を示し得るヒントとなるかもしれない。

池田さんは、大学院博士課程を修了し「法学博士」（前述の「法務博士」とは異なる）を取得している。だが、司法試験は受けたことがないため、弁護士や検事、裁判官などのいわゆる法曹人とは少々異なる位置にいる。現在の身分は大学の研究員だ。

「ゆくゆくは、専任教員になりたいと思ってはいますが、現在、その可能性はほとんどありません」

ご多分に漏れず、池田さんも〝准〟ノラ博士というわけだ。現在の手取りは約一五万。一年契約で最大三年までという約束で、現在二年目の任期だという。

「ボーナスや一時金など、もちろんありません。唯一、健康保険だけは何とかつけてもらいましたが、病院に行くような事態になれば、そのお金にもたぶん苦労すると思います」

任期が終了する来年三月以降のことは、何も決まっていないという。

「だから今、生きるためにあることを考えているんです」

池田さんは、来年以降の生活を見据え、現在、障害者の係争支援に取り組もうという構想を練っている最中だという。

「障害者、とくに精神障害や知的障害がある人にとって、裁判などで争うことは大変な困難を伴います。私は、こうした人たちの支援ができないかと考えているんです」

司法の場で使われる言葉は、一般的に非常に難解だ。弁護士の言葉を理解することが難しいということも多々起こる。だが、弁護士などは大変忙しいので、クライアントであっても、そうした言葉の解説をお願いするのははばかられる。

「私は、その仲介をしてみたいのです」

こうしたニーズは、実のところ小さくないのではないだろうか。高度な技能を有する専門職業人と、その知識や経験・技術を必要としている人との、〝間〟をつなぐ「専門家」に対する世の中からのニーズは、まだ決して大きくはないかもしれないが、今後、必要となってくる分野であることは間違いなかろう。そこには、専門の仲介職として、ユーザーからの手数料収入が得られる可能性もある。これは、たとえば専門家がパソコンの使い方を教えることと似たような形だ。

もっと安心して満足できる高いサービスを享受したいという思いは、法律のように素人には理解が難しい専門性の高い分野であればあるほど大きいはずだ。高度医療などもこれに当たる。基本的には分からないことが多いし、不安だし、できるなら避けたい、だが利用せざるを得ないという場合、その道の〝博士〟がセカンド・オピニオンを与えてくれたら、どんなに安心できるだろう。

専門のことを深く勉強したノラ博士なら、高度であるが故に複雑さがつきまとうコミュニケーションの場を、クライアントにとって安心できる、顧客満足度の高い場へと昇華させていくことが可能かもしれないのである。

現実的には、池田さんが考えているような仲介の仕事は、大した報酬が得られるわけではないだろう。だが、自らの専門知を生かす場という意味では、ノラ博士にとって自身の誇りを満たす場ともなりうる。人間、行き場のないことほど辛いものはないのだから。

ノラ博士も、お日様の下を堂々と歩けるようになるわけだ。彼らの専門知は、人助けに生かされ、それは、自らにとってもクライアントにとっても喜ばしいこととなるはずだ。「ノラ博士、万歳!」。もしかすると、世間の人たちが、そういってくれる日が遠からず来るかもしれない。

塾講師という二番目の選択肢

研究職に就けない博士たちが、その道をあきらめ、食うために選択する就職先として、日本では塾講師が定番の〝准〟進路となっている。

アメリカの場合、アドミッション・オフィスなどの、公的な入試を手がける組織に、博士号取得者が、〃高度な専門的知識を有する人間〃として就職するなどの道が開けているが、日本では、公的な機関からの求人というものはまだほとんどない。そのため、日本では、塾が大学予科として、似たような位置づけとなっている。

だがそれは、アメリカでの博士号取得者が行う〃進路選択〃とは、決定的に意味が異なっている。アメリカでは、大学などの研究機関でないところへの就職も、〃専門家〃としての積極的な選択肢の一つと位置づけられているのに対し、日本では、第二の選択肢として〃しかたなく〃選択しているという大きな違いがあるのだ。

当然、雇用側からも専門家とは捉えられてはいない。学部卒者の塾講師も博士号持ちの塾講師も、ほとんど同じように位置づけられている。

日本では、博士はつぶしがきかないと信じ込まれている。研究職に就けなかった博士は、その時点で〃ダメ〃の烙印を社会から押されるようなものだ。そのため、研究職以外の選択をせざるを得ない当の博士も「しかたがないから」というような、後ろ向きな態度で行き先を決定せざるを得ない状況にある。これでは、〃高度な専門的知識を有するもの〃としての矜持を維持することは難しいだろう。

やはり、サトウ教授が提案するように〝社会が博士を必要としているのだ〟という環境が構築されることこそが、ノラ博士たちを生かす最大の施策となり得るのではなかろうか。本業が無理なので仕方なくというような現在の状況は、人に誇りを与えない。これは、なにもノラ博士問題だけに限ったことではない。

日本には現在、あまたの非正規雇用者がいる。彼らは、正社員と同じ仕事をしているのに、その待遇はあまりにも低い。「はたらけど／はたらけど猶《なお》わが生活《くらし》楽にならざり／ぢっと手を見る」と、石川啄木が詠んだあの時代は、〝ワーキングプア〟と呼ばれる彼らにとっては、現在そのものなのである。政府は、〝再チャレンジができる世の中に〟ということを声高に謳っているが、これでは、再チャレンジをしようにも、環境的に無理である。

東国原《ひがしこくばる》宮崎県知事が再チャレンジの具現者のように持ち上げられているが、そもそも彼は、再チャレンジのための潤沢な資金を持つ〝お金持ち〟だったはずだろう。そういう状況から行うものを、普通は、再チャレンジとは言わないのではないか。それは、単なる、チャレンジだろう。「再」がつくチャレンジを心底望んでいる人は、他にいるはずだ。いや、現状では、むしろ多くの国民がそれを望んでいるのではないか。

だが、本当に大事なことは、再チャレンジなぞ、最初からしなくともよいというような、人びとが誇りを持って一番目の選択肢として働く環境を選択できる体制を保障することだろう。それこそが、人びとに勇気と安心を与えていくのではないだろうか。国民が元気になってこそ、国も元気になるはずである。誤解のないように言っておくが、東国原知事のチャレンジが、人びとに勇気と希望を与えたことは間違いない。私自身、知事選の結果に胸のすく思いだった。

三行半《みくだりはん》を突きつけよう

教員市場のバランスが完全に崩れた今、ただ状況の改善を願ってみても、何も変わりはしない。今は、超のつく買い手市場であるから、なおさらだ。しがみつけばつくほど、足元を見られるだけである。では、一体どうすればよいのか。

「いっそ、博士号を返上しようか」

関西の大学でポスドクをしている堤さんは、ある飲み会の席上で、こんなドキッとする台詞《せりふ》を吐いてくれた。堤さんが、冗談でもこんなことをチラッとでも思ったわけは、こうである。

「私が所属する大学で、研究発表会が行われた時のことです。私は、その時、事務の人たちと裏方で働いていました」

その研究会は、堤さんらが所属する教員や研究員が、一年の成果を発表する場であった。だが、その時、堤さんら、ポスドクの人には、講演会での発表の機会を与えられることはなかった。発表は、もっぱら専任教員によって行われたという。

「要請された仕事は、パソコンの設置や演台、花瓶などの設置。発表者用の水とコップの取り替え。ビデオ撮影や写真記録。メモなどを含めた雑用全般でした。それも、事務の人の指示の下でです」

堤さんは、大学院生時分のことを思い出したという。

「院生時分は、こうした下働きをかなりこなしました。でも、それは、いろんな意味で勉強になっていたので、何も悪いことはなかったんです。むしろ、感謝しています。でも、博士号を取得した後も、同じような仕事をするのはどうかという思いに駆られることは、正直、時々あります」

堤さんが博士号を取得してから、すでに五年。最初の三年間はノラ博士だったという。ポスドクに就いたのが二年前。

「これで、ようやく少しは研究者らしい生活を送ることができると思いました」

だが、多くの場合、専任教員や事務からの、下働き的仕事を求められるのが、こうした〝准〟ノラ博士の実態だ。

「私は、何もそれが必ずしも悪いことだとは思っていません。なぜなら、最初から分かっていたことでしたから。でも、今回の場合、ちょっとだけいつもと事情が違っていたのです。それが、私を虚しい気持ちにしました」

発表が進み、ある教員が演台の前に歩いてきた時のこと。その時、堤さんは、発表者が立つステージの袖にある、裏方が控える部屋に待機して、発表者用の水やコップを片手に、それらを取り替える準備をしていたという。

「水を持っていきながら、発表者の顔を覗くと、明らかに私より若い先生だということがわかりました。すぐに袖に戻り、プログラムを開くと、その助教授の女性は三一歳とあったのです」

同じ大学にいるとは言っても、所属が違えば普段は顔を合わせることもない。なので、知らない顔がいることは何ら不思議ではないのである。その助教授は、前年に配属されたばかりだった。

「同じように博士号を持っていても、片や専任教員、こちらは任期付きの非正規雇用者です。

彼女は、演台の前で発表し、私は、彼女の飲む水を替える係。しかも、彼女は三一歳で私は三五歳。心が折れそうになったんですね」

年をとればとるほど、博士号の価値が自分のなかで低下していっていることをハッキリと自覚するようになったと、堤さんは語る。

「博士号を取っても、何もいいことなどありません。むしろ、そのプライドのために苦しみに振り回されることのほうが多いのです。それならば、いっそ返上して、一市民として生きるのもいいかなと思ったのです」

堤さんは、すでに、教員になる気はまったくなくなったと言う。

「博士号のことは忘れ、教員にはできない仕事をしようと思っています」

いわば、自らこの世界に三行半《みくだりはん》を突きつけようというわけだ。堤さんのように考える人が、もし大量に出てくれれば、いびつな姿に変化した教員市場も、少しは改善されていくかもしれない。

決して望んで辿りついたわけではないだろう。しかし、堤さんの決断には「その手があったか！」と考えさせられる。ノラ博士たち皆で、この世界に三つ指をついてみるのもいいかもしれない。

もしかしてチャンスなのか？

堤さんは、教員になろうと思い博士号を取得し、よんどころない事情から、別の世界で生きる決断をしたのだった。それは、辛い選択であったように見える。だが、もし、教員になるつもりが最初からなくて、博士号を取得するということであったなら、堤さんには、また別の人生が開けていたのかもしれない。

中国地方の大学に勤める井上教授はこう語る。

「私たちの時代は、博士になろうと思ってもなかなかなれない時代でした」

今から三〇年ほど前は、ドクターコースに入るのはなかなかに大変だったと先生は言う。今とは違い、大学院には定員を確保する義務も大してなかったので、教室を運営する指導教官が「こいつはモノになるぞ」という判断を下してくれなければ、門前払いをくっていたからだ。

そういう選別が、入学段階で働いていたからかどうか知らないが、その当時の同級生は、皆、現在、専任教員になっているとのことである。つまり、彼らは優秀と見込まれたから教員になれたということのようだ。

大学院重点化以前（平成三〈一九九一〉年以前）に、ドクターコースを出て、現在、教員をしている人のなかには、こうした考えを持っている方も少なくない。

つまり、重点化による余剰博士問題は、「優秀でないから、ノラ博士になっているのだ」という論理である。もちろん、こうした考えが、まったく本質からずれたものであることはすでに見てきた通りだ。

社会における構造的問題を個人の問題としてすげ替えていこうとする動きは、枚挙にいとまがない。たとえば、平成一八（二〇〇六）年以降の博士号は、取りやすくなったので、こうした博士が就職を見つけられないのも当然だ。それ以前の博士だって就職がないのだから、文句を言わず業績をあげろ、というような粗野な論法が展開されるようになるのも、この先時間の問題だろう。

「昔は、二流、三流私大から帝大に入ってくるものなど皆無だった。皆、門前払いされていた。帝大で博士を取ったといっても、そういう学生は、もともとは実力がないのだから、就職できなくとも当然だ」

こういう学歴差別意識丸出しの論法も、まことしやかに、さまざまなところで囁かれているのである。

だが、およそこうした意見には、なんらの根拠も見いだせないケースが多い。要は、問題の本質を見極めることなく、安易に原因を個人に転嫁してしまい、不都合なことには目をつぶりましょうというにすぎないのだ。そうすることで、既得権を有するものたちが、守られるからであることはいうまでもない。つまり、個人に責任を転嫁しようとする意見は、論理的に破綻している場合が多い。なので、その意図するところなどに目を向けようとすること自体、時間の無駄である。

一方で、差別的発言のなかに出てきた〝現象〟そのものには、注目すべき点がいくつかある。いわく、「三流私大から帝大に入ってきたものが増えた」という件《くだり》である。

現実に、このパターンは増えている。大学院重点化によって、確実に定員を確保せねばならないということと、大学院間に人材の流動化を求めた文科省の意向がその背景となっている。つまり、自学出身者だけで研究科を構成するのではなく、他学出身者を導入する比率を上げていこうということだ。

学部を卒業し、大学院でステップアップをしようと考える学生には、純血主義をよしとする旧来の勢力は嫌がるかもしれないが、よい風が吹いているといえるのだ。ただし、こうした学生には、さまざまな苦労がつきまとうのも事実だ。

生え抜きなどから、「学歴ロンダリング」（通称、ロンダ）などと蔑称をつけられたり、大学生え抜きが有する就職ネットワークの中に入れてもらえなかったりということは、当たり前に見られる。

だが、こんなイジメのようなものは、どんな社会の中にでも見られるだろう。むしろ、さまざまな人たちに、ドクターコース進学の門戸が開かれたという視点からすると、今は結構いい時代なのかもしれないのだ。

博士号取得という視点に特化してみれば、間口が広くなった現在のほうが、誰にでもチャンスが開かれているという意味で、歓迎されるのは間違いないからだ。要するに、逆転の発想だ。高学歴フリーターになる可能性も高いが、最初から、教員など目指さないという選択のもとに、ドクターコースに入ることを決断するのであれば、そう悪いものでもないかもしれないということだ。

専任教員への道にこだわるからこそ、苦しみが生まれているのである。はなから、そんなものには目もくれず、別の目的のために学位を取得するという態度で臨めば、現在のノラ博士たちが味わっている苦しみをなぞることもあるまい。

ノラ博士たちも、今からでも遅くはあるまい。国立大学の最高号俸でも一二〇〇万円程度の給与しか手にできない教員などには見切りをつけ、お金ではない、もっと大きな夢を追いかけてみたらどうだろうか。

臨機応変に見切る

教員を、一生の夢と位置づけるのではなく、ある時点での目標と位置づけるのもよいかもしれない。

大学院博士課程に進んだ院生は、通常、「もうシャバに後戻りはできない。研究者になるしかない」という悲壮な決意を抱く場合が少なくない。だが現在、研究者にこだわればこだわるほど、苦しまねばならない状況が生まれていることは、飽きるほど見てきた通りだ。

もはや、「教員にならなければ生きていけない」などという間違った〝信念〟は捨て去るべきだろう。いや、そうでなくては、〝ノラ博士地獄〟に落ちて苦しむ、大勢の博士たちが生まれ続ける連鎖に、歯止めをかけることはできないのだ。

ストップ・ザ・固執。もう少しだけ、自らを自由に解き放ってもいいかもしれない。

一つのことだけにこだわることを、あえて避けた生き方を実践しようとしている、羽藤さんに話を聞いてみた。羽藤さんは、現在、ポスドク一年目。残りの任期は二年である。あと二年以内に、専任教員への道が開けなければ、別の道を探すのだと彼は言う。

「最初から、教員へトライするのは三年だけと決めていました。そうでなければ、キリがないからです」

現在のような状況で、教員になることにこだわり続けるのは、あまりにもリスクが高すぎることだと、羽藤さんは考えている。

「私は、いわゆる三流私大から旧帝大に移った〝ロンダ〟組です。移った直後から、自分に割り当てられたチャンスが、他の人たちよりも少ないことに気がついたのです」

羽藤さんは、学部時代の大学で、一人の面白い教授と出会った。その先生の教えを受けるうちに、「もっと深く学問を学びたい」と思うようになったそうだ。

「ですが、ウチの大学には、大学院博士課程がなかったのです」

研究の面白さに目覚めた羽藤さんは、どうせなら博士課程まで進みたいと思った。だが、自学の院には修士課程までしか設置されていなかった。

「教授に相談すると、他学の院試を受けなさいと勧められました。どうせなら、旧帝大を受けろとも」

三流私大から旧帝大なんかに受かるわけがないというのが、その時の、羽藤さんの正直な気持ちだった。だが、教授の迫力に押され断り切れず、ついに旧帝大の院試を受けるハメになってしまった。

「院試の勉強は必死にやっていましたが、自信を持つことは最後までできませんでした」

合格発表の時、そこに自分の番号があるのを見て、羽藤さんは、「見間違いじゃないか」と何度となく確認したという。すぐに合格の報告をしに教授のところへ伺うと、「君はチャンスを掴んだんだよ」と言われたという。そして、その日は教授主催によるお祝いの晩餐会が開かれたそうだ。

大学院重点化によって、広く高等教育への門戸が開かれたことによって、羽藤さんの、「もっと研究がしてみたい」という夢は、ここに現実になったわけだ。

しかしこれは、彼にとって喜ばしいことだけではなかった。

新しくできたルールの下にチャンスを掴んだ人たちを指して、ロンダなどと蔑称をつけ、「ずるをやった」とでもいわんばかりに非難めいた口調で陰口を叩く世の現実にも、羽藤さんは同時に晒されることとなったからだ。だが、当の羽藤さん、実はそのことにまったく動じてはいなかった。

「私は、ルールのなかで正々堂々と勝負したと思っています。だから、人の目はあまり気にしてません。むしろ、チャンスをどう生かすかに関心があるのです」

その後、帝大で無事に博士号を授与された羽藤さんは、「ここまで来たら、研究職の道で一生やっていってみたい」と思うようになった。

博士取得後、羽藤さんもご多分にもれず、一年間はノラ博士だった。だが、次の年には、何とかポスドクに採用されることとなった。

「今がチャンスだ、と思いました。このチャンスを生かしたい。そのためには、三年間だけ、また必死になって挑戦してみようと思ったんです」

三年という期限を決めたのは、それが勝負の流れだと思ったからだという。いくら一生懸命にやっても、うまくいかないときは、どうしたってうまくいかない。逆に、うまくいくときは、スッと物事が運ぶ。羽藤さんは、テニス部に長く所属した経験から、勝負事に関する独自の哲学を披露する。

「私が、旧帝大の院試に合格できたのも、何らかの運があったように思います。見えない力に導かれるように、私は研究者を目指すこととなりました。ですが、一生、研究職でいけるのか、それはまだわかりません。だから、三年という時間に賭けてみたいと思ったのです」

縁があれば、研究者になれるだろうと羽藤さんは考えている。

その縁を自らたぐり寄せるかのように、彼は、昨年一年間に論文を六本書いている。

「最低、毎年六本書く」

三年で一八本。これでダメなら、しょうがないと、彼は、たんたんと語る。その語り口には、ある種の潔さがみられ、清々しい空気が彼の周りには漂っていた。

「もしそれでダメなら、それは、私にとってやらなければならないことが他にある、ということなんだと思っています」

あと二年後に、専任教員が決まっていなければ、迷うことなくこの道は捨て、他の道を探しますよと、羽藤さんは、はにかんだ。

その時は必ずやってくる

望むと望まざるとにかかわらず、大学という場で生活の糧を得ている人たちには、羽藤さんのように、第二の選択肢を常に見据えておく必要性が急激に高まっている。大学倒産の危機がそこに迫っているからだ。

すでに、立志館大学（広島県）、酒田短大（山形県）、萩国際大学（現・山口福祉文化大。山口県）などは、それぞれ、平成一五（二〇〇三）年に休校、文科省から解散命令、負債累積約三七億円を抱え民事再生法などといったことで新聞紙上を賑わしている。また最近では、再建計画を策定中だった、小樽短大（小樽市）が、平成二〇（二〇〇八）年三月末での閉校を決めたことは記憶に新しい。

平成一九（二〇〇七）年度の入試で定員割れを起こした私立四年制大学は、二二一校あまりで、その割合は約四〇％（全五五九校中。日本経済新聞平成一九年八月一日付朝刊）。もちろん、今後も増加の一途をたどるはずである。短大と大学をあわせ一〇〇〇校近い学校も、近い将来には三分の一に淘汰されるのではないかと噂されている（講談社web現代、平成一四〈二〇〇二〉年一二月四日）。

現在大学に所属する教員は、各人が所属大学の法人の運営に目を光らせておく必要があるだろう。潰れる予兆というものは、必ずどこかに出るものだ。そうしたものを発見したときのことを今から考えておかねば、〝その時〟がきたときには、もう間に合わないという事態になる。

これは、今から大学の専任教員になろうと考えているノラ博士たちにとっても、同様に必須のことととなる。なぜなら、異常とも言える高倍率（現在、専任教員の公募が出ると、八〇倍などという競争率になることは珍しくない）を突破して奇跡的に専任教員になっても、その大学がほんの数年で潰れてしまったとすれば、一体どうするというのか。

おそらく、優秀な教員には、その前に引き抜きがかかり、目利きのいい人間はイの一番に逃げ出しているはずだ。そんななか、残された教員に再就職先などあるわけはない。とくに就職したての教員なぞ、研究者としての実績も少ないのだから、あっという間にノラ博士に舞い戻ってしまう。もし、〝その時〟のことを念頭に置いていなければ、これほど悲惨なことはないだろう。路頭に迷わないためにも、自衛する必要性が高まっていることがわかるはずだ。

こうして見てみると、現代のノラ博士は悲惨そのものである。少子化の波が確実に訪れるとすでにわかっていた平成三（一九九一）年、意図的に大学院生の増産が行われ始め、現実的に大学経営の現場に少子化の影響が見え始めた頃、研究者として独り立ちの準備をしなければならないことになった。

大学市場が急速に冷え込むなか、新規教員予備軍は最大規模を迎える上、さらに既存の大学は淘汰で次々と消滅していくという負のスパイラルのなかに放り出されたのが、彼らなのである。

私の知人に、建築会社を三度移った人間がいる。最初に就職したのは、平成九（一九九七）

年。バブルのツケがさまざまなところに噴出していた時代のまっただ中だった。その会社は二年で潰れ、コネで次の会社に彼は移った。だが、そこも一年で潰れてしまう。再度コネで再再就職するも、またもや一年後にはその会社がなくなった。そして現在、彼はスロプロ（スロットを専門に打って収入を得ているプロ）をしている。

今から専任を目指すノラ博士も、同じようにならないとも限らない。高倍率をクリアし、やっと就職したかと思えば、三年後には法人解散。その頃までに培《つちか》ったコネで、再就職するも、またもや二年後には大学閉鎖。気づくと、全国に生き残った大学は半分程度しかなく、もはや、再就職など夢のまた夢。こんなことが、現実になる可能性が非常に高いのが今なのだ。

そう考えると、遮二無二《しゃにむに》、専任教員になることだけを目指すことは、危険極まりないことではないだろうか。四〇歳や五〇歳になって、無職に転落した博士は、一体どうやって生きていったらいいのか。三十代のノラ博士でさえ、ツブシがなかなかきかず、苦しんでいるというのに。

〝その時〟は必ずやってくるのである。

運のいいことに、現在のノラ博士たちは、今ならまだ方向転換がギリギリできるところにいるのではないか。このまま、大学にぶら下がることを最優先目標にしておいてもいいものか、今こそ、じっくりと考えてみるべきだろう。まだ、その時間はわずかながら残されている。

空前の人余りのなかで、教員市場にエントリーをし続けるノラ博士たちは、正規雇用されることを必死に願い、今日も低賃金・無保障の非常勤講師などをやり、ひたすらにそのチャンスを待ち続けている。

だが、待てども待てども、彼らに春がやってくることは、ほとんどの場合〝ない〟のが現実だ。多くのノラ博士は、そのことをすでに実感しているはずだ。だが、それでも待ってしまうのだ。

理由はいくつもあるだろう。他の仕事をやろうにもツブシがきかない。研究がしたい。教授になりたい。とにかく大学に居続けたい。博士にふさわしい仕事をしたい、など。だが、そこまで固執する必要が本当にあるのだろうか。

運よく、専任教員になれたとて、就職先の大学がいつ潰れるとも限らない世の中なのだ。そんなことになれば、必死になっていたその分だけ、立ち直れないダメージを受けかねない。

もはや、大学という市場にうま味はまったくなくなっているのだ。専任教員であっても、ある日突然、給料が減額されたなどという話は、そこかしこで耳にするではないか。給料程度なら、まだましだ。ある日突然、「大学閉鎖が決まりました」などと法人から突きつけられたらと思うと、彼らとて、おちおち寝てもいられないのではないだろうか。

専任になったとて、決して安心できるわけではないのである。とすれば、そんなにも必死になって大学にしがみつく必要性は、どこにあるというのか。ノラ博士の大半は、まだ、二十代三十代なのだ。アカデミズムの世界に執着することなく、もっと別の人生の選択肢を見つけることも、まだまだ可能な年代なのだ。

自らの人生について、今一度、ここらで考え直してみるのも一手ではあるまいか。私自身、仏門に入ったのは、このことと無関係ではない。現世の無情とどう付き合えばよいのか。我の思いとはならぬこの身を仏にまかせ、「生きる」という問題への知恵を仰ぎたくなったのだ。

優秀で前途洋々であった同期や先輩、そして後輩。博士課程に在籍した結果は、無惨を極めている。あたら若く有能な人たちが、なぜ、このような境遇に身を落とさねばならないのか。一体、何のために博士課程へと進学したのか。もはや、仏に教わるより道は見えてこない。ポスドク問題の現場には、このような惨状の荒野が広がっている。その先に何があるのか。袈裟《けさ》を纏《まと》い、答えを求め、白骨に埋まる大地を歩き続けてみようと思う。

第6章　行くべきか、行かざるべきか、大学院

ここまで、日本の大学院博士課程修了者が、現在、いかなる冷遇を受け、どれほど悲惨な生活をしているのか、数多くの事例を見てきた。

彼らフリーター博士や無職博士たちは、個人の努力が足りずにそうなったわけではなく、博士が政策的に大量生産された結果、教員市場が完全崩壊をきたしたことで生みだされてしまったことも、再度ここで思い出したい。

高学歴ワーキングプアたちは、大学市場全体の成長後退期と、無謀にもそれに抗《あらが》おうとした既得権維持の目論見の間に生じた歪みに産み落とされた、因果な落とし子だったのである。

こうして見てみると、現在の日本で大学院、とくに博士課程に進学することは、そのあまりにも高いリスクの割に、メリットはほとんどないように思えてしまうのである。

とくに、就職という側面から捉えるとき、それはまったく否定できないだろう。一八歳で大学に入学し、二二歳で卒業。そのまま大学院に入院して、博士課程まで修了すると、たとえストレートでも二七歳。青雲の志を抱いてアカデミズムの世界に飛び込んだ若者も、すでにプチ親父の年齢となってしまうのだ。

しかも、それだけの時間をかけて博士号まで取得しても、就職可能率はほぼ五〇%という有様だ。こうした実態を知っても、なお、我が息子や我が娘を「博士」にしたいなどと思う親御さんが、果たしてどれほどいるだろう。

息子や娘が、万一「絵描き」になりたいなどと言い出したら、ほとんどの親御さんは大反対するのではないだろうか。現在、日本で博士になりたいというのは、それと、ほとんど同じことを意味しているのだ。つまり、若者の選択肢としては、余りにも将来的展望を抱くうえで不確定要素が大きすぎるということだ。

すでに、当の若者たちは、そのことに気づき始めたようである。近年の、大学院修士課程修了者による、博士課程敬遠の動きなどは、そのことを暗に示しているように思えてならない。修士生五人を有していたある研究室では、今期、そのなかから博士課程に進学を希望したものがゼロであったという。一般の就職市場が売り手市場に転じたことも重なり、博士進学のメリットが感じられないというのが理由だったそうだ。博士課程は、絶対的にも相対的にも、その魅力を下げ続けているようである。

では、大学院（博士課程）には、もはや進学する意味はまったくないのだろうか。

実は、角度を変えて見ると、まだ大学院（とくに博士課程）が有している魅力が見えてこないでもない。

就職できるかどうかということを、ちょっとだけ脇に置いてみる。すると、そのことで浮かんでくる魅力が、まだまだ結構ある。ではそれは、一体どんなものなのだろうか。少しだけ見てみよう。

目が開かれる

大学院に進学することで、大きく変わるものの一つとして挙げられるものがある。それは、周囲の人たち、とくに教員からかけられる言葉が変化するというものだ。

学部時代は、未熟さを補ってあげようとする位置からの、アドヴァイス的な助言を頂くことが多いのだが、大学院生になると「もう、大学院生なんだからな」と、〝事の処理はすべて自分で考えて行いなさい〟というように、その形は大きく変化する。

自ら考える能力を開いていくことが、大学院の果たすべき大きな役割の一つとなっていることを、このことは端的に示している。

大学院生には、すべてのことに対して自ら問題を設定し、仮説をたて、あるいは最後に導き、それを検証し、自ら解答を得ることが求められる。それは、彼らの日常の生活全般においても期待される。

日々の生活のなかで、思考を鍛える訓練や思考実験などを繰り返し行っていくこと。これこそが、大学院生が大学院に在学している間に与えられる環境であり機会なのである。

学部時代は、知識を体系的に「学ぶ」ことが重要だったが、大学院生には、学んだ知識をどのように「生かす」かということが求められるわけだ。

つまり、学部時代に詰め込んだ知識を武器とすると、今度は、それを社会貢献のためにどのように使うか――すなわち〝武器の使い方〟をそれぞれに開発していくことが、大学院生にとって獲得されるべき能力として望まれるようになる。

ちなみに修士では、情報収集の方法や文献の読み方、情報整理の仕方、情報発信の試みなどといった、基本的スキルを磨くことが行われる。博士課程では、それらのスキルを縦横無尽に使った応用力が求められるのである。

知識という武器を身にまとい、それを上手に使って、世の中に見られる諸現象の背景にある本質を見抜き、その解決策を考えること。これが、研究を主とする生活を送るものに求められる職能なのだ（西山夘三《うぞう》他著『学問に情けあり』大月書店）。

大学院では、こうしたことができるようになるための訓練がさまざまに行われる。すると、知らず知らずのうちに、物事の本質を見つめるための視点や思考、推論の立て方、根拠となる情報の検索、調査の実施、データ収集および分析、その妥当性への客観的評価などといったことができるようになってくる。

今まで、目の前にあったのに見えていなかったものが、なんとなく見えてくるように感じられる一瞬は、こうした訓練を何年もかけて行うことで、ある日、突然訪れる。すなわち、目が開かれる、のだ。

では、目が開かれると、どんな良いことがあるのだろうか。一つには、嘘やインチキが見破れるようになる能力が身につく。

たとえば、血液型占い。日本人の多くは、これが大好きである。ちまたには、血液型占いの本が溢れ、友達や恋人同士では「あなた、何型?」などの会話で盛り上がることも少なくないはずだ。

だが、血液型と個人の性格については、何らの相関もないことはすでに心理学の領域では広く知られているところである。そして、これは日本だけの特異な現象でもあるのだ（佐藤達哉他著『オール・ザット・血液型――血液型カルチャー・スクラップ・ブック』コスモの本）。要するに、血液型占いには意味がないということだ。

だが、それでも多くの場合、血液型にまつわるお話から片足を抜くことは相当に難しい。なぜか。日本において血液型は、すでに独特の文化として人びとの生活のなかに完全に根付いているからである（前掲書）。すると、血液型占いというものを、どのように捉えていくことが重要なのだろうか、などといった疑問が湧いてくる。

インチキだから、意味がないから、「こんなものはなくてもよい」などと単純に考えてしまっていいものか。それとも、科学的にはまったく根拠がない無駄なモノだが、文化的に見ると非常に価値があるかも、などという観点から血液型問題に対峙するのか。

大学院の博士課程にまで進学するならば、こうした世間に普通に見られる現象に対しても、研究を行おうとする者たちが、それぞれの問題意識に根ざした解答を得ることが可能になるのである。

ちなみに私自身は、血液型占いのない、そんな味気ない世の中には住みたくないと思っている。それは、私の研究テーマとも関係している。一見すると、価値がないと見られがちなコトに対して価値を見出そうとすることに、なぜか私は惹かれてしまうのである。

私の本業は、「子どもの道草」研究である。平成一二（二〇〇〇）年から着手したので、足かけ八年もこのテーマを追いかけていることになる。当初、ある学会で発表した時のことだった。

「あなたは、子どもに道草をさせようというのですか」

発表へは嫌悪感だけが示され、拒絶された。当時の風潮は、まだまだ〝道草など無駄なもの〟という空気が強かった。

それは本当に悔しかった。どんな大人も、子どもの頃には大いに道草に励んだはずである。だが、成人したとたんに、まるでそんな時間は過ごしたことがなかったかのようにすべてを忘れて、意味がないと言い始める。

「本当か？　探ってみたい」。私はそんな思いに強く駆り立てられた。

観察データをとり続け、八年。さまざまな価値が実証的に浮かび上がってきた。脳ではなく、身体に〝街〟を記憶する子どもたち。子どもの社会化を助けるシステム。独自の子ども文化の存在とその成立を支える環境構造。地域の物理的・社会的デザインへの展望。そして何より、子どもたちの笑顔をどうすればたくさん引き出せるのか。平成一八（二〇〇六）年五月、拙書『子どもの道くさ』（東信堂）に成果をまとめる機会を頂いた。

調査結果は、一つひとつについて、さまざまな場所で丁寧に発表を行ってきた。そして平成一九（二〇〇七）年四月に横浜で行われた、子どもたちの健全な育成環境について国際的な議論の場を設け、地域計画や保健、医療、教育、社会制度など幅広い分野にわたって討議を行いその実現に迫る、〝こども環境学会〟の大会における「特別シンポジウム」のテーマは、「道草のできるまちづくり」であった。

足かけ八年。ようやく、胸のつかえが下りたように感じられた。発表を終えた後、晴れ晴れとした気分で港町をぶらぶらと道草した。

自らの生きる世界が、なぜそうなっているのかといったことや、目に映る現象をどのように捉えたらよいのかなどといったことについて、もし自らの力で解答を得る能力を身につけたいと望むのなら、先の例にもあるように、大学院に進学しても決して悪いことにはならないだろう。

そこで身につけられる理解力や分析力、想像力などは、自らに知の力を与え、よりよい人生を過ごしていくための助けにもなると考えられるからだ。

コミュニケーションの達人へ

大学院なぞ出た博士なんぞは、変人ばっかりで、人付き合いもきっと下手に違いない。血液型占いに劣らず、こうした固定観念をもった人は社会に少なからずいるのではないだろうか。

それは、ある側面では正解を示すこともあるが、ほとんどの場合は間違っていることのほうが多い。というのも、実は大学院では、常識をとても大切にした教育がなされているからだ。

挨拶に始まり、研究室の掃除や資料の整理整頓、指導教官へのお茶くみ、気の利いた会話、先輩や後輩への気遣い、事務職とのお付き合い、会議などの準備・手配や飲み会等の仕切り、など。いわゆる下積みというものを、何年もの間にわたり経験させられるのが、大学院生の普通の生活なのだ。

これらの仕事が、常に人と顔をつきあわさざるを得ない仕事となっていることは、見ての通りだ。いきおい、個人のコミュニケーション能力も上がってくる。人とうまくやっていけなければ、こうした仕事をスムーズに処理していくことが難しいのは言うまでもなかろう。

どんなに人付き合いが苦手な人間でも、コミュニケーション能力を発揮せざるを得ない環境に身を置くことが続けば、だんだんと人間関係の機微というものについて学習や適応を示すようになることは想像に難くないだろう。

こうした下積みに加えて、彼らには、博士号取得への過程で多くの研究発表をさまざまな場において行っていくことも求められる。

研究発表という行為は、他者との対話を行うということに他ならない。他の研究者との対話は、自らの研究に大きな糧を与えてくれるものだ。だが、もし対話の成立がなされなければ、こうした糧は得られないということになる。当然、自らの研究も前進しないということになってしまう。そんなことだけは避けたいと思うのが、人情というものだろう。だからこそ、各々、コミュニケーション・スキルを発達させるべく、常々心がけているのが、院生というものなのだ。

下積みや発表を、我慢強く何年も行っていく。しかも、その間無給で、それどころか高い授業料を払って。それは、いつか羽ばたくための修業期間なのだ。多くの場合、専任にのし上がる夢を胸に秘め、そのチャンスを掴む〝瞬間〟のために、彼らは修業を続けている。

大学院に進学するという経験には、こうした能力をも身につけることができる可能性がある。もちろん、本音とは違うが対人関係をスムーズに維持するために使われる〝営業トーク〟の技術も身につくことは言うまでもない。そう考えると、結構、お得かもしれない。

生き抜く力を身につける

佐谷宣昭《さたにのぶあき》氏は、九州大学大学院博士課程を今から七年前に修了した「人間環境学博士」である。細身の体躯にシャープな顎のライン、澄んだ目が大きく開かれている氏の印象は、柔和な表情のなかにも切れ者という感じが見え隠れする。現在三四歳の氏は、パイプドビッツというIT関連会社の経営者だ。

佐谷氏が会社を興したのは七年前。博士課程を修了した直後だったという。大学、大学院を通して、氏が専攻したのは「建築学」だった。にもかかわらず、現在、まったく畑違いの分野で活躍をしている。それはなぜなのか。

「学問を身につけるということと、仕事をするということとを、必ずしも結びつけて考える必要はないのではないでしょうか。私は学生時代から、学問は学問、仕事は仕事と分けて考えていました。学問への純粋な取り組みと、仕事を行うということは、異なる次元の問題だと思ったからです。学問を身につける段階において獲得したさまざまな技能やフレームワークは、多くの分野においても転用できるものです。それは、必ずしも、学術の世界だけに留めおかれるようなものではないでしょう」

氏はこうも続ける。

「対象に縛られてはかえって不自由になります。たとえば、アカデミズムの価値観。多くの院生は、そのステータス性に縛られているのかもしれません。こうなると、ある枠のなかから飛び出せなくなるのです」

たしかに、現在、仕事が見つかっていないオーバードクターやポストドクターの中には、大学教員という地位に固執し続けた結果、身動きが取れなくなっている者も少なくない。だが、一〇年近くも専門家になるための道を歩んできた人たちにとって、それは仕方のないことではないのか。なぜなら、〝枠から飛び出す〟ということは、長い時間をかけて積み上げてきたものを、自ら〝捨て去る〟ということを意味することにもなるからだ。

「私は、そうは思いません。なぜなら、世の中は常に移り変わっているからです。現代社会の変化のスピードは、恐ろしいほどです。こういうときこそ、立場に囚われることから離れるべきです。自らが地道に積み上げてきたものを、一つの方向性だけでなく複数の道で、どのように生かせるかと考えることは、新たな可能性を見出すきっかけとなるかもしれないのです」

捨てているのではなく、こだわらないというだけのことだと、佐谷氏は強調する。その意図は、自らに鎖をつけないように気をつけることこそが大事だということのようだ。浮き沈みが激しいＩＴ業界に身を置く氏の言葉だからこそ、その言葉には一層の重みが感じられる。

六年の歳月にこだわる理由はない

パイプドビッツには、社長の佐谷氏と同じように、大学院における自らの専門分野とはまったく異なったことに、仕事として取り組んでいる社員が数多く存在する。現在、役員（監査役）をしている志賀《しが》正規《まさのり》氏もその一人だ。社長と同じく建築畑の出身者である。修士一年が終わろうとしている時、佐谷氏から誘われたことが、この道に進むきっかけとなった。ちょうど、ゼネコン関係の職を探していた時であった。誘われた当時は、もちろん迷ったという。だが、最後には専門とする建築業界から、まったく異なる領域で生きる決意を固めた。

一体、何がそうさせたのか。

佐谷氏がその訳を語ってくれた。

「理由を与えてあげたのです」

その当時、長く教育を受け専門知を磨いてきた者たちにとっては、学んだ領域に仕事を見つけることこそが普通のことだった。志賀氏もご多分にもれず、それを〝当たり前のこと〟として設計士を目指していた。だが、正しいと信じてきた価値観にも、いつか崩れ去る瞬間が訪れる。それは佐谷氏の次の言葉により引き起こされた。

「私たちは建築を学び、その歴史を学びました。世の価値観をリードし時代を象徴してきた建築の過去は、その学問を志す私たちに誇りを与えてくれました。一方で、私たちが生きようとする二一世紀に目を向けると、それは後世において何の時代と称されるでしょう？　残念ながら、今の価値観をリードし、今を象徴する分野は、建築の外にあるようにも思えてくるのです」

説得は、疑問の提示から始めたのだと氏は明かす。

「通常であれば、積み重ねてきた建築学の知識や経験を活かす道を、建築業界に求めるべきかもしれません。しかし、私たちは、現在、時代の移り目に生きています。高度情報化へ向けて大きな変革期を迎えた時代の住人となっているのです」

そして、その疑問こそ、自分たちが生きている時代背景の中から導かれたものであるということを、理解してもらいたかった。その思いが、最後の言葉へとつながった。

「現在、社会人としての扉を開けようとしている私たち。私は、社会の変革期とのタイミングを合致させるかのような〝今〟が持つ不思議なチャンスに、注目しています。これを活かす道に挑戦してみたい気がするのです。幸い、私たちは、建築を学ぶ過程で、さまざまな価値観、視点、知識、技能、手法、経験を身につけました。これらの力が、先達のまだいない未知の世界で通用するかどうか、私と共に試してはみませんか」

志賀氏にとって、これは大きく響く言葉だった。それまでの迷いはあっという間に霧散した。単純に、言葉につられてのことだけではない。佐谷氏の生き方と言葉が重なって自らに迫ってきたからだった。

自分は建築の勉強を六年もしてきたが、それを捨ててよいのかという思いに悩み続けてきた。だが、目の前で自分を説得している人は、九年もかけて博士号まで取得した己の専門知にこだわることなく、今、まったく別の道を志している。六年の歳月にこだわる理由なんかなんにもないんじゃないか。これが、志賀氏の思い至ったことだった。

博士論文執筆時に得た教訓

こうして、社長に代表される何物にも縛られない自由な精神と軽やかなフットワークを持つ社員たちが、一人また一人と増えていったパイプドビッツは、二〇〇六年末には遂に東証マザーズに上場を果たした。会社創立から七年目。業界内でもかなりのスピードだ。

順調すぎるように見える軌跡であるが、歳月をかけて積み上げてきたものを脇に置き、新領域の開拓という挑戦を続けてきた佐谷氏に、この間、一度も危機は訪れなかったのだろうか。

「実は一年目が終わろうかという時、随分と頭を悩ました一件がありました」

佐谷氏の会社設立にあたり、出資を行っていた親会社が、経営上の都合から、方針を変更するという決断を下したからだった。佐谷氏は、一つの決断を迫られた。会社を完全に独立させ自主経営だけでやっていくか、それとも、畳むか。

「一週間、頭がパンクするほど悩みました。でも、最低、三年はやる。この仕事を始めるときにそう決めていたことが、最後の決断に影響したように思います」

一定の価値ある結果を導くには、最低三年かかる。博士論文執筆時に得た教訓だった。

「博士号は、どんな分野であれ、勿論簡単なことではありません。学位論文執筆中は、ただ、脇目もふらずそれだけに集中していました。その経験は、いろんな判断をするときに役立っていると思いますね」

やるべきときは、脇目もふらずやる。悩むときも、一生懸命悩む。だが、何をするにも区切りをつけてやることが大事だと、佐谷氏は語る。そして、一度やると決めたら、自分が設定した期間は全力を尽くすこと。

「それにより、道は開けるはずです。私は、迷ったら、真摯に誠心誠意をこめてものごとに対処してきました」

それは、学歴構造のなかで到達し得る最高地点に行き着く過程で、揉まれながら得た教訓でもあるのだろう。佐谷氏にとって大学院進学とは、〝生き抜く知恵と自信〟を得たところにこそ、その最大の成果があったのではなかろうか。

目指すべきゾーンへの道程

若年労働市場における特異な雇用状況が長期的に続いた結果生じたニートやフリーターに対して、社会構造の問題から彼らを見つめようとする動きは、これまで非常に少数派であった。ニート・フリーター問題は、個人の意欲や努力などと関連づけて論じられることの方が、圧倒的に多かったのだ。

だが、彼らは、ニートやフリーターになりたかったわけでは決してない。三年後もフリーターをしていたいと望むものは、わずかに四％（日本労働研究機構研究所、二〇〇一年）。ならざるを得ない環境に身を置くハメに陥ったことで、やむを得ず、そうなってしまったという人たちが多数であることがわかるはずだ。

こうした、就職したくともできないといった環境のなかで、大学院に流れてきた人たちも少なくなかった。そして、彼らもまた、モラトリアムなどといって、個人の単位だけで安易に捉えられがちである。

だが、大学院というところに院生として七年ほど在籍した経験からすれば、それは的はずれとしか言いようがない。院生生活というのは、そんなに暇ではないのだ。彼らの生活は、職人世界における下積み修業のようなものなのだ。事実、大多数の院生たちは、日々を必死に生きている。修業中に、さぼる暇なぞあるわけがないのだから、ある意味、それは当然とも言えるだろう。

私の出会った院生のほとんどは、研究をしたいという自らの欲求を持ちながら、同時に、それを社会のために生かしたいとも思っている人たちであった。一人ひとりが自立した個としての立場から、社会に対して影響を与えたいという願望をもっているとも言えよう。

こうしたことの実現のためには、一般企業などに入り歯車的な役割を果たさざるを得ない環境では不可能なのである。だからこそ、彼らは大学院生という身分を選択しているようにも見える。個人の能力、特に世間へのアピール能力を最大限にのばすきっかけを与えてくれるのが大学院だからだ。

あくまでも「個」として、社会と対峙する。その姿勢は、独立独歩をよしとする研究者という職能のなせる業《わざ》かもしれない。ただし、「個」としての生き方も簡単ではない。たとえば、社会貢献をしたいと思っていても、修業途中の人間にそれほど大したことができるわけではない。個人としては、そのターゲットとするところが広すぎるからだ。つまり、目標がピンポイントで絞りきれないということだ。

では、漠然となにか社会に貢献をしてみたいという思いを持つことは、意味のないことなのだろうか。

決してそうではあるまい。すぐに出る結果という意味では、目標を絞りきれないということはたしかに不利になる。だが、ある程度の時間の経過を待つことで紡ぎ出される結果というのもあるだろう。おそらく、大学院生はここのところを目指すポジションにいるように思える。

彼らの、「社会貢献をしたい」という漠然とした思い。それは、具体的なある一点が目的の最終地点となっているのではない。むしろ、「社会貢献をしたい」ということ自体を〝点〟としながら、それを端（要）とした扇形に広がる空間が、目的のゾーン全体となっているのである。こうした概念を、ＺＯＦ（Zone of Finality）と呼ぼうとする動きも出始めている。

それは、一点の明確な最終目標地点に到達することだけを評価するのではなく、漠とした目的ではあるが、その目的の領域（ＺＯＦ）に向かって進んでいくこと自体を評価することが、人が人生を歩む際の選択的過程を見つめるうえで、大事なこととなるのではないかという考えから導かれた概念である（望月春香「中国人留学生の目的意識とその変容過程に関する質的研究」立命館大学卒業論文、二〇〇七年）。

漠とした最終目標を要とする扇のゾーンのなかに、時間の経過とともに自らが吸い込まれていくことで、自己実現を行っていく。そうした人生の選択経路もあるということだ。

ただし、それには時間がかかる。ここで、大学院生活が生きてくる。大学院生活とは、そうした目指すべきゾーンへの道程ともなっていると考えられるからだ。こんなところにも、大学院の魅力はあるようだ。

仕事ではなく、人生のためのキャリアパスに

教員市場の崩壊を背景に、かつて専任教員へのキャリアパスであった「博士号」も、今ではその神通力はまったくといってよいほど消え失せてしまった。

博士号をさして、「足の裏の米粒」などと揶揄する声も耳にすることが少なくない。その

意味は、「取っても食えないが、取らないと気持ちが悪い」だ。

博士号の取得は、今でも決して簡単ではない。だが、金と時間と神経をすり減らしながらやっと手にしたその学位も、足の裏の米粒扱い程度しかされないわけだから、当事者たちにとっては酷な話である。だが、それもまたたしかな現実なのだ。

だとすれば、今後、博士号を取得しようと考える人たちは、学位に対する認識をこれまでとは少し改めていく必要がでてくるだろう。

アメリカ社会における博士号の位置づけを例に、少しそのことを考えてみたい。

九州大学の南博文教授は、アメリカのクラーク大学大学院で博士号を取得している。アメリカでの約五年間の生活体験から、南教授はこう語る。

「アメリカでは、博士号は生涯のキャリアパスとして認識されています。日本と違い、生涯教育の進んでいるアメリカでは、一度社会に出た人たちが、時間やお金に余裕ができたときに、博士号の取得を目的とする高等教育を受けに戻ってくることはまったく珍しくありません。しかも、彼らは、決して大学の教員などを目指すというわけではないのです。自らの人生のキャリアに、〝知〟の証である博士号を付け加えることで、豊かさを与えたいと考えているのです」

アメリカ社会では、ドクターの神通力はとても大きいという。日本と違い、博士号を有するものは、必ず名前の前に「ドクター」という呼称がつけられる。それも、アメリカの社会事情をよく表したものだろう。

つまり、「博士」は、市民から尊敬される存在として一目置かれているのだ。

「人生の経験のなかに、博士号の取得というキャリアがあること。アメリカ社会ではそのこと自体が大きな意味を持っているのです。日本でも、今後はそうした位置づけになっていくのではないでしょうか」

大学院重点化によって、多くの人に門戸が開かれた大学院は、望むと望まざるとにかかわらず、そこで高等教育を受けるという意味自体にも変化をきたし始めるようになるだろうというのが、南教授の考えである。

現在、日本では、お金を払えば、誰もが大学院で教育を受けられる。その辺りは、だいぶアメリカに近づいたのかもしれない。だが、アメリカと違い、在籍者の多くはまだまだ若者によって占められているのだ。そして、彼らの多くは、大学教員になることを夢見て進学してきている。

その若者の夢も、すでに叶うことはほとんどないという実態もあるのだが。

こうなってくると、できる人間、目利きのいい人間ほど、博士課程を敬遠し始めるだろう。そしてそれは、これからしばらく続く動きとなるはずである。

大学院は、今後再び、定員割れの時代を招く可能性が高いのである。では、定員の大幅な縮小があるだろうか。おそらく、それはあるまい。一度開かれた門戸が閉じることは、ほとんど考えられないからだ。すると、どうなるか。

入り口は広く、誰にでも高等教育を受けるチャンスがそこにある。だが、出口では、そこで取得した資格（博士号）を生活の糧として利用できる可能性はない。就職や職種に期待されるうま味がまったくないため、それらに重点を置く若者たちは敬遠するようになる。すなわち、大学院における若者の構成比率は徐々に下がり始めるはずだ。

そして、それに取って代わるように、一度、社会に出た経験豊富な人たちによって、大学院の門が叩かれる可能性が高まりを見せるかもしれない。いや、むしろ、そうなることのほうが、社会のために望ましいと考えられるのだ。

南先生の言葉を借りれば、それはこういうことなのである。

「豊かな経験と学識を有する人たちが、社会のなかに〝いる〟ことの意味は、その社会の健全性や豊かさの実現といった観点からいえば大変に大きいのです」

健全な社会づくりのためにも、時間とお金を十分に有する人たちが大学院に進学することは、これからの社会にとって必要不可欠となっていくように思える。

博士号は、大学院で学んだ若者が専任教員の口を得るためのキャリアパスとしての位置づけから、市民社会における豊かさを個々の市民が実現していくことを間接的に助けうるものとして、その姿を変化させていく過渡期に現在あるのかもしれない。

そして、その時が来れば、博士号は、それぞれの生を生きる市民の「人生のキャリアパス」となっていくように思えるのだ。

これから、大学院を目指す人たちは、老いも若きも自らのなかに何を目的として進学するのかということを明確にイメージすることが必要となるだろう。そして、そこに価値を見出すことは、それぞれの作業となっていくだろう。

大学院への進学という選択肢に魅力を見出すことが難しくなっている状況ではあるが、そのメリットをあえて発見しようと、いくつかのトピックを取り上げてみた。

現在の若者にとって、大学院の魅力が、以前に比べ相対的に低下してきているのは間違いない。進学のメリットとリスクを比べると、リスクのほうが圧倒的に高くなってきているからだ。それは、就職口がないということに他ならない。将来ある若者にとって、これほど心を曇らせるものはないのではなかろうか。

一方、生涯教育の観点からすると、一転して大学院に多くの魅力が見えてくるのである。それまで、一部のエリート研究者を育てることを目的の中心に置いてきた研究大学などの大学院は、ある意味、誰にでも門戸が開かれているという類のものではなかったといえよう。閉じられた閉鎖的な場所は、しかし、大学院重点化によって広く一般にもその門が開かれたのである。社会に一度でた人が、人生のどこかの地点において、高等教育に再度触れることができるようになったのだ。

これは、社会全体にとっても決して損な話ではない。社会全体のなかに、こうした豊富な人生経験を有する社会人たちが、大学院での学びを通してさらに高度な知を身につけて戻ってくること。そのことのメリットは、健全で自由で豊かな社会環境の構築という観点に立つときに、計り知れないものがある。

大学院は、望むと望まざるとにかかわらず、社会全体に対するその役割を変化させようとしている。

研究者に特化した養成機関としての大学院は、もはや終わった。これからは、人生経験豊富な社会人に、さらなる知の獲得を助け得るような生涯教育の機会を提供し、市民社会を豊かにすることへの貢献が重要となるはずだ。

大学院が、このように市民のためという利他の気持ちを持ち得るならば、その時こそ再び大学院はその存在価値を蘇らせるだろう。でなければ、誰からも見放されるはずだ。大学とは違い、わざわざ行く必要もないのだから。

第7章　学校法人に期待すること

教員の意識と法人の方針

大学全入時代を迎え、日本全国の大学は、各々生き残りをかけてしのぎを削っている。組織として、どのような戦略をたて、それをどのようによりよく実現していくか。そのためには、法人による意思決定と、現場からの協力との両者がうまく噛み合うことが重要となる。

学校法人サイド（理事会側）と教員や事務方が一致団結すること。これこそが、生き残るための唯一にして必須の戦略なのではないだろうか。

だが、それがうまくいっていると自信を持って言えるところは、現在、どれ程あるのだろう。

大学院重点化の流れのなかで起こった、いくつかの印象的なことが、法人と現場の一致団結がいかに困難を伴うものかということを教えてくれる。

そもそも、大学院重点化とは、さまざまな大義が掲げられることで実施されてきたのだが、法人サイドにとって、本音の部分で最も魅力的だったことの一つは、イメージアップと共に当面の収益アップが見込めるという部分だろう。

また、すでに一八歳人口のピークを平成四（一九九二）年に迎えたこともあり、その後の学部入学者減が容易に予測されるなかで、その穴を埋めるような形で院生増産の政策が実施されることは、全国の大学の法人サイドにとって、まさに渡りに船の有り難さでもあったことだろう。

こうして新規導入された政策に乗る形で、新しい方針を打ち出し始めた学校法人サイドによって、院生増産は一気に実現されていくこととなった。だが、大学を運営するトップの方針と現場の意識には、少なからず乖離《かいり》があったのではないだろうか。

すでに、経営の将来的観点から大学院重点化という決断が――果たしてそれがよいことなのかどうかといったことは別として――打ち出されたにもかかわらず、レヴェルの低い学生が入ってきて大学院の水準が下がったなどの発言が、当の法人に所属する教員から出されるという矛盾。こうしたことを、私たちは度々目にしてきたはずだ。

「経営のために、学生を増やす」。これが法人の方針であるとするならば、その学校に通うことになる学生は、法人にとっても、苦しい経営を助けてくれる〝お客様〟であるはずだ。だが、新たなルールの下で新しく入ってきた学生を指して、堂々と馬鹿呼ばわりをする教員がいるのは、一体どういうことなのか。そこに、法人の方針と現場の意識の齟齬《そご》が認められるのである。

なぜ、そんなことが起こるのだろうか。これは、あくまでも私見だが、法人の意識にその問題の本質があるのではないか。

学校経営をどういう観点から行おうとしているのか。経営に対して、どんな哲学を持っているのか。どんな教育がしたいのか。なぜ、教育を行おうとするのか。これらのことを自問自答することなく、ただ経営のことだけを考えていないだろうか。

そのことが、現場に暗黙のうちに伝わっているような気がしてならないのである。それが、先の「馬鹿が来たからレヴェルが下がった」といった下品な発言を生むことにつながっているのではないだろうか。

逆に言えば、法人の本音・意識が忠実に表された発言のようにも思えるのだ。「学生は、確かにお客様ですよ。ネギまでしょってきてくれて、ありがたや」、と。いかにも下品なこうした思惑が、現場にも伝わっているとしたら、同じように下司《げす》な発言がそこから発せられたとしてもなんら不思議ではない。

法人は、経営方針を示すことはあっても、経営哲学を現場に示してはいないのではないだろうか。だからこそ、教員の意識と法人の方針は、その底流にある下品な部分では一致し、表面に出てくる言葉には乖離が見られるようになるのである。

本音を隠した法人が、「学生は神様です」と一見へりくだった発言をしてみせても、現場の一部の抜け作からは、「馬鹿な学生が来た。せいぜい経営の人柱《ひとばしら》になってもらおう」という本音がポロッと出てしまうのである。

学生をカモにする法人の未来

法人は、学生に対してどんな意識を持っているのだろうか。もし、このことを知りたいのであれば、卒業生に本音を語ってもらえばよい。

その上で、その法人が、日頃どんな発言やどんな経営態度をとっているかということを注意深く観察するとよい。財務に透明性を持たせているか、適切な人事が行われているか、卒業生の雇用割合はどのくらいか、後進を育てているか、適切な期間内でトップが入れ替わっているか、役職者の顔や経歴がオープンにされているか、といったことだ。すると、それが信用に足る法人かが、自然と見えてくるはずだ。

たとえば、私が耳にした卒業生の声のなかには、次のようなものがあった。インタビューでは、大学ではなく高校時代のことを話してもらったが、対象者が通った学校の法人は大学も経営している。

この卒業生が通った学校の法人は、信用してもよいものか。少し考えてみてほしい。語ってくれたのは、地方の進学校といわれるところから旧帝大に進学し、現在は企業で働く浅田さんだ。細身のグレースーツに身をまとい、セミ・ロングヘアーを風になびかせながら、待ち合わせの場所に颯爽《さつそう》と現れた浅田さんは、とても知的なムードを醸し出していた。

浅田さんは、高校時代、私立進学コースにいた。彼女の通う学校は、大学進学を視野に入れた厳密なコース分けがなされていた。当初は、私立を受験しようと考えていた浅田さんだったが、ある時、国立に進学したいという気持ちが生まれた。

ある日、浅田さんが、正直にそのことを学校に相談した時のことである。相談を受けた学校側の反応は、とても冷たいものだった。その時のことを思い出すと、浅田さんは、今でも激しい怒りがこみ上がるという。

「私が国立を受験したいと言うと、余計なことをしないで私立を受けていればいいいと諭《さと》されたのです。私立コースから通るわけがないとも」

私立から国立コースへの鞍替えを願い出た浅田さんに、学校は露骨に嫌な顔を示したという。当然、浅田さんが目標とする大学の入試を突破するためのサポートも、一切なかった。

「私は、自分でやるしかないと思い、必死でさまざまな情報にあたりました。そして、絶対に見返してやるという気持ちで必死に勉強しました」

その努力が報われる形で、浅田さんは見事、現役で目標の大学に合格した。ところが、である。

「私が合格した途端、学校はそのことを宣伝し始めたのです」

当時、それまで私立コースから国立大学へ合格したものはまだいなかった。いわば浅田さんは、新たな道を切り開いたパイオニアとなったのだった。すると学校は、そのことを大きく宣伝したのだった。

「ウチは私立コースからも国立に合格させます。さまざまな選択を可能とする本学へ、是非、安心して入学してください」

浅田さんは、学校からのサポートなどまったく受けていないにもかかわらず、いつの間にか、彼女の合格は、学校が優れた指導をしたことで実現したという話にされてしまっていたのだった。これについて、彼女はこう憤《いきどお》る。

「こんな馬鹿な話はありません。学生を侮辱するにもほどがあるのではないでしょうか」

返す言葉もないとは、このことではないだろうか。

自学に進学してくれた学生を、学校の宣伝に利用するようなマネをするだけでなく、これから新しく入学しようとしている学生をも、言葉巧みに騙そうとしている。浅田さんは、そう感じたのだった。だからこその怒りだった。

卒業後、浅田さんは、この学校を見限ってしまった。

だが、それでも卒業後には、一方的・定期的に学校から寄付の依頼がくるため、なかなか縁が切れないと、浅田さんはうんざりした顔で語る。

「やれ、校舎を建て替える。やれ、何十周年記念だ、とキリがないんです」

当然、浅田さんが寄付をしたことは一度もない。

「そんな気分になれるはずもないですから」

浅田さんは、祖母と母に勧められてこの学校に進学したという。いわば、三代続けて同じ学校に通うことになったわけだ。学校にとってこれほどありがたい話はない。

「祖母や母の話では、生徒を大切にするとてもよい学校だと聞いていたのですが、まったく違っていました。おそらく、昔とは変わってしまったのでしょう」

こうした学校には、もはや創立者の理念など微塵《みじん》も残っていないことを如実に感じさせる、浅田さんのそうした発言であった。

最後に浅田さんに聞いてみた。

「自分の子どもをその学校に入れたいと思いますか」

彼女は少し逡巡した後、黙って首を横に振ったのだった。ちなみに、彼女と同様の気持ちを持つ同級生は少なくないという。

さて、この法人、あなたなら信用しますか？

学校法人における精神・教育・経済の序列

この例は、高校を持つ学校法人の態度について見てきたものだったが、大学であっても、似たようなことはいくらでもあるはずだ。本書の第1章に出てきた、岡崎さんが直面した状況も、法人サイドが自学の学生をどのように考えているのかということを端的に示す例であろう。

いわゆる三流大学といわれるところを出た岡崎さんが、その後発奮してイギリスに留学し、博士号を取得して帰ってきた。だが、母校では、専任教員のポストに既得権を有する勢力が居座り続け、母校への奉公がしたいという岡崎さんの思いも虚しく、門前払いをくらったのであった。

ちなみに、岡崎さんの出身大学では、教職員に占める母校出身者の割合は極めて小さいという。とくに教員では、片手で数えても余るほどしかいないという惨状だ。現在では、博士課程も設置され、すでに学位授与者も出ているにもかかわらずだ。

加えて、三流私立大学の常で、大学院修士課程を出た人間もほとんど就職がない状況だという。だが、法人側は、何らの対策も練ることなく、これらを放置し続けている。そして、相変わらず、「ウチの大学院は社会貢献をしています」とのたまっているという。事実は、高学歴フリーターを生産しているだけなのだが……。

これらの法人の態度は、その学校に通う、あるいは通った学生たちに、どのように映っているだろうか。

岡崎さんの同級生の西江さんはこう語る。

「在学時に常に思っていたことは、まったく教育に力を入れてくれない大学だなということでした」

大学での講義に刺激はほとんどなく、明らかに事前準備に時間がかけられていないということがわかる内容で、質問にも明確な回答が寄せられることはほとんどなかったという。ある時、あまりの講義内容の陳腐さに、学生たち数人が集まって学校側に問題提起をしたこと

があったそうだ。その時、寄せられた返事は、

「大学とは、自ら学ぶところである。教えてもらおうなどという考えは、おかしいと知りなさい」

この時、西江さんたちは、この大学に心底嫌気がさしたのだという。

「この大学は、学生を飯の種くらいにしか思っていない」

西江さんらが感じた、この時の正直な気持ちである。

こうした大学の法人は、学校経営を上手にごまかして、短期的な視点から運営に問題が生じないようにすることだけに意識を集中しすぎるのかもしれない。

一般に、学校運営には、このような経済的基盤と共に、教育的基盤が正常・健全であることが大事だとよく言われる。だが、そこには最も大事なモノがあと一つ抜け落ちているのではないだろうか。それは、「精神的基盤」である。心の健全さがなければ、学校運営は簡単におかしな方向にいってしまうのではないのか。

では、その心の健全さというのは、どんなものなのか。実は、それこそが、創立者の思想に表されていることなのである。学校、とくにほとんどの私学には、創立者が必ずいる。そして、創立の理念というものが、どこの学校にも掲げられている。

そこには、どうして「この学校が創られることになったのか」という、学校の存在理由が明確に示されているのである。この創立者の理念が、きちんと引き継がれているかどうか、常に内省し検証を怠らないこと。これが、学校にとっての「こころの健全性」を保つ唯一の方法なのではなかろうか。

誇りを持って創られた学校が、いつの間にやら金のことだけを考えるようになってしまう。そうした変化は、周囲の人間にすぐに見破られてしまうのである。とくに、若い学生たちは敏感だ。

学校運営上における経済の問題や教育の問題は、「精神」に従属することなくして、その健全性を保つことは不可能である。

これから高等教育の門をたたく者にとっては、究極の売り手市場となる。

現在もまだ、学生をカモだと思っているような学校法人があれば、もはやその法人に未来はないだろう。法人は、もっと学生たちから愛されるようになる運営を行うことが必要だ。それには、学生を利用するという態度を改め、個々の学生に対して「慈」の気持ちをきちんと持つことが必要となるだろう。それなくして、存続などありえないのである。学生はそんなに馬鹿ではないのだから。

学生に愛される研究室の秘密

最近は、ついぞ、自らの出身大学に愛着があるなどという発言を耳にする機会は減ってしまった。『名門高校人脈』（鈴木隆祐著、光文社新書）では、そうした世相を表すように、もはや大学閥ではなく高校閥のほうに、結束のウエイトが移ってきたと指摘している。成果主義が導入されるに従って、旧来の大学閥から、より結びつきの濃い高校閥のほうが重視されるようになってきたそうだ。

私の周囲でも、出身大学への愛着を口にする人は少ないが、出身高校のことを語りだすと止まらなくなるという人たちは沢山いる。彼ら彼女らは、一様に、母校や母校の先生、先輩・後輩のことを愛してやまない。その訳を聞くと、多くは「自分たちを大切にしてくれた」という思いがあるということだった。個々人への配慮ができるというのは、小回りがきく高校ならではのことだろう。

それから比べると、大学というところは、どこも少し大きくなりすぎたのかもしれない。大学を一つの顔として見て、「愛着がある」と言われることが少なくなったのは、そういうことも影響しているのかもしれない。

一方で、大学のなかでも、研究室という小さな単位にまでなると、「愛着がある」ということで語られる話はまだ少なくない。

関西で一流とされる私立大学の、ある研究室の卒業生たちは、口を揃えて「この研究室に来てよかった」という。どこがよかったのかと尋ねると、先生がよかったのはもちろんのこと、教室全体に醸し出される雰囲気がとてもよかったという。具体的には、全員が「良い卒業論文を書く」という目標に向かって一致団結して、決して反目するようなこともなく、最後までお互いに協力しあうという雰囲気が実現されていたそうだ。

人が集まれば、普通は、喧嘩や足の引っ張り合いも多少あろうというものだ。しかし、この研究室では、開設以来一度もそういったことが起こったためしはないそうなのだ。

それには、教室を運営する教員によるさまざまな仕掛けもあった。

たとえば、結束力を高めるために、年間を通じて、勉強の合宿やスイカ割りなどのイベント、ゼミ旅行、クリスマス・パーティ、その他多数の飲み会などが意図的に計画されている。研究テーマは自由に設定でき、学科の他の研究室のようにキチキチとしたものでなくとも認められる。だが、ここにもある計算があって、あえてそれを許している。

学科のなかでも、異色の研究発表を行うということであれば、当然、他から叩かれる。そうしたプレッシャーには、一致団結して戦うことが必要となる。要するに、共通の敵が生まれるわけだ。必然的に、団結力は高まっていく。目標も高く設定される。毎年、学科で一番になることを目指して、全員が頑張るという構図が出来上がる。

メーリング・リストなどが活用され、他者の研究に有意義な資料等が見つかれば、すぐにそれを教えあうという空気が醸成されてもいる。さらに、卒業生も、こうした助け合いの場に度々顔を出す。

卒業論文等は、皆で冊子に編集する作業が行われ、大学内外の研究室に配られる。そのため、皆、恥をかかないように必死で論文を書く。極めつきは、卒業論文完成直前二週間ほどを、一つの部屋に集まりながら全員で過ごすことだ。テンパった空気のなかで、皆が、お互いに助け合いながら、完成を目指す。

そしてそこには、朝から晩まで付きそう教員の姿がある。加えて、卒業した先輩も時々参加してくれる。しかも、毎日、ケーキやお菓子、コーヒー・紅茶といった差し入れ付きだ。もちろん、教員や先輩の持ち出しだ。

こうまでされて、自分の先生や先輩そして同級生、研究室を愛さない学生がいるはずがない。もちろんそれは、いろんな仕掛けがあってのことであるが、しかし、その団結力の最大の秘密について考えるとき、私には、そこにたった一つのキーワードが見えてくるのだ。

それが、「利他の精神」である。

この研究室では、入研した第一回の集まりで、教員から伝えられる大切なメッセージがあるという。

「お互いに協力し合いなさい。決して、足を引っ張りあうようなことはしないように。相手のためになることに、力を惜しまないこと。それが、いつか自分に返ってきます」

二〇歳そこそこの若者たちに、こうしてとうとうと利他の精神が説かれるわけである。そして、その具現化のためにさまざまな仕掛けが用いられ、一年後には立派にそれは学生たちのなかに身体化されるのである。

教員自身も、利他の精神の持つ力の大きさを行動で示すように、多大なる時間と金と労力を学生のために投じるのだ。朝から晩まで、二週間も学生指導に付きっきりになるということや、毎日の差し入れを買いに行ったりすることなど、雑務に追われる教員にとってどれ程の負担となることか。だが、それが「利他の精神」の現れなのだろう。

〝持ち出し〟をどれ程できるかが大事なのです、とは当の先生の言葉である。

学生たちは、自分たちのために先生がどれ程一生懸命になってくれているのか、それをしっかりと見て分かっているのだ。だからこそ、学生同士もそれに負けじと、一生懸命に利他の精神を発揮させる。そして最後には、皆、「ここに来てよかった」と言って、笑顔で卒業していくのである。

昔に比べ、同窓会を開いても人が集まらない。寄付をお願いしても、思うように集まらない。親子代々にわたって、進学してくれるパターンが減った。こういうことを耳にすることは、最近では珍しいことではない。

最近の若い人たちの考えは、昔とは全然違っている。時代が変わったのだ。そう言って、若い人たちが学校への愛着を示さなくなったことを、単純化してただ嘆くだけの風潮も、また然りである。だが、本当に時代が変わっただけなのか。時代が変わっても、愛される先生や場が学校のなかに確かにあることは、たった今、見てきた通りだ。

若者が学校への愛着を失いつつあるのは、若い人たちの考え方が変わったのではなく、学校法人が一人ひとりの学生を慈しむことを忘れてしまい、自らが生き延びることだけに必死になってしまっているからではないのか。利他の精神はまったくなく、自らの利益だけを守ることに執着している人がいたとする。一体、誰がそんな人に愛情を示し得るというのだろうか。

相手が人から学校に変わっても同じことだ。利他の精神のない学校に、どんな学生が愛着を示してくれるというのか。

本書で取り上げてきた高学歴ワーキングプアたちも、利他の精神を失い、自らが生き延びることだけを最優先した「経営優先思考」を学校法人が選択した結果、必然的に生み出された産物であった。いわば、彼らは食いものにされた被害者なのだ。こんな目にあえば、ふつうは誰でも裏切られたという気持ちになるのではなかろうか。

社会のなかに、そうした「裏切られた」という思いを持つ人たちを沢山輩出することは、社会全体の損にはなっても、なんら得になることはないはずだ。

日本社会のなかに閉塞感が漂い始めて久しい。皆、自らが生きることで精一杯であるかのように見える。だが、学校にだけは、そうなってほしくない。なぜなら、学校だけが、明るい未来を実現し得る可能性を持つ人たちの輩出に、直接かかわっている、社会にとってとても大切な存在であるからだ。日本の閉塞感を打ち破る人材を生み出すことができるのは、学校をおいて他にないのである。

私たちの子孫を、慈愛に富んだ社会に住まわせたいか、それとも、弱肉強食の論理がまかり通る熾烈な競争社会をよしとする殺伐とした世界に住まわせたいか。学校の態度こそが、それを決定するのである。

もし、学校が「利他の精神」を十分に発揮したならば、教育の成果が出るといわれる二五年後の世界は、少なくとも今より期待が持てるものとなるだろう。

希望のある社会の実現に向けて、今、学校が果たすべき役割はとてつもなく大きい。同時に、私たちにとっては、全国の学校法人の動きを注視していくことが重要となろう。人の目を意識しないものはいないからだ。

自らの子どもや孫を、どの学校へ入れたらよいのか。彼らに、「ここに来てよかった」と言ってもらえるか、それとも、「来なければよかった」と言わせてしまうのか。学校の選択を間違うことは、まったく異なる道のりを子孫たちに歩ませることに他ならない。

そのことは、二五年後の社会がどのように形成されていくのかということに直結している。私たちの子孫が住まう世界は、温かい世の中なのだろうか、それとも、冷たい世界なのか。

今、学校法人の「利他の精神」が試されている。

おわりに

日本のような成熟社会における〝ネクスト・ソサイエティ〟は、〝知識社会〟であるといわれている。ＢＲＩＣｓ（ブラジル、ロシア、インド、中国）どころかＶＩＳＴＡ（ベトナム、インドネシア、南アフリカ、トルコ、アルゼンチン）の台頭が指摘されている現在、サービス業（第三次産業）だけでなく、農業（第一次産業）でも製造業（第二次産業）でも、最先端の付加価値を備えた製品やサービスを生み出していかなければ、日本に未来はない。その意味で、高等教育の充実という施策は、少しも間違っていない。

だが、こうした〝提言〟は、学者や評論家が行うことである。これを、国民の税金を使って政策として行う以上、具体的な社会のニーズを探り、政府の打った施策が社会のどの部分でどのように具体的な形で動いていくのかという、明確なビジョンが必要となる。

もし、それがないままに行われた施策であるとすれば、それは第一義的に税金の浪費であり、自己の職責に対する責任の不在であり、結果的に組織の既得権だけが温存されたとすれば、犯罪ともいうべき背信行為である。私が本書において指弾するのは、もっぱらこの部分なのである。

多くの日本人が、来るべき〝ネクスト・ソサイエティ〟を、生きがいを感じながらより豊かに生きていくために、高等教育の充実が本当に必要だとすれば――少なくとも私はそう信じている――、学生、その保護者、納税者が一方的に犠牲を強いられる現在の三方損は、かならず克服されなければならない。

それどころか、日本に〝知識社会〟という新たな〝価値〟を創造していくためにこそ、キャリア官僚たちの優秀といわれ続けてきた頭脳が、その真価を発揮されるべき時なのである。

本書執筆にあたっては、多くの方々に大変お世話になりました。失意のどん底にありながら、なお明日への希望を手放すことなく必死に日々を生きる非正規雇用の博士たち、そしてワーキングプアと呼ばれるすべての人たち。同じ苦しみの内に生きる御同朋たちからは、心の奥底の貴重な声を聞かせて頂きました。感謝します。社会が少しでも変わることを願いながら本文をしたためてみました。お役にたてたとしたら幸いです。

実名でのインタビューに応じて頂いた、パイプドビッツの佐谷宣昭社長、志賀正規氏、九州大学の南博文教授、立命館大学のサトウタツヤ教授からは、激動期にある高等教育の現場で青息吐息の院生や無職博士たちに、大きな夢と生きる力を賜りました（私も何とか生きていけそうな気がしてきました）。ありがとうございました。

最後になりましたが、光文社新書編集部の三宅貴久氏に精一杯の感謝の気持ちを込めてお礼を。筆者の荒削りな文章が、もし読者の目を疲れさせないものへと昇華していたとしたら、ひとえに三宅さんの的確かつ丁寧な助言と修正によるおかげです。

非正規雇用が少しも不思議なことではないという価値観が、この国の社会全体の中に根を張ろうとしている今、そこに一筋の光明が差し込むことを願う人たちは少なくありません。本書は、その想いの集結により生み出されたものと感じる今日です。この小さなスペースですべての人をご紹介することは不可能ですが、関わった方たち全員の幸せと健康を祈ります。日本の大地に生きるすべての人々が安らげる世を願って。合掌

平成一九年九月

水月昭道

水月昭道（みづきしょうどう）
1967年福岡県生まれ。龍谷大学中退後、バイク便ライダーとなる。仕事で各地を転々とするなか、建築に興味がわく。'97年、長崎総合科学大学工学部建築学科卒業。2004年、九州大学大学院博士課程修了。人間環境学博士。専門は、環境心理学・環境行動論。子どもの発達を支える地域・社会環境のデザインが中心テーマ。'06年、得度（浄土真宗本願寺派）。著書に『子どもの道くさ』（東信堂）、『子どもたちの「居場所」と対人的世界の現在』（共著、九州大学出版会）など。現在、立命館大学衣笠総合研究機構研究員および、同志社大学非常勤講師。任期が切れる'08年春以降の身分は未定。

高学歴《こうがくれき》ワーキングプア 「フリーター生産工場《せいさんこうじょう》」としての大学院《だいがくいん》

2007年10月20日初版1刷発行
2007年11月5日　2刷発行

著　者 ── 水月昭道
発行者 ── 古谷俊勝
装　幀 ── アラン・チャン
印刷所 ── 堀内印刷
製本所 ── 明泉堂製本
発行所 ── 株式会社光文社
東京都文京区音羽1-16-6（〒112-8011）
電　話 ── 編集部03(5395)8289　販売部03(5395)8114
業務部03(5395)8125
メール ── sinsyo@kobunsha.com

 ISBN 978-4-334-03423-8

213
日本とドイツ　二つの戦後思想
仲正昌樹
国際軍事裁判と占領統治に始まった戦後において、二つの敗戦国は「過去の清算」とどう向き合ってきたのか？　両国の似て非なる六十年をたどる、誰も書かなかった比較思想史。

265
日本とフランス　二つの民主主義
不平等か、不自由か
薬師院仁志
自由を求めて不平等になっていく国・日本と、平等を求めて不自由になっていく国・フランス。相反する両国の憲法や政治体制を比較・検討しながら、民主主義の本質を問いなおす。

273
国家と宗教
保坂俊司
アメリカの「正義の戦い」はなぜ続くのか。増え続けるイスラム教徒の根幹を支える思想とは何か。世界の諸宗教を比較考察し、21世紀に不可欠な視点を得る。

278
宗教の経済思想
保坂俊司
労働や商取引などの経済活動について、宗教ではどう考え、人はそれをどう実践してきたのか？　世界および日本における経済思想と宗教との結びつきを比較し、詳細に論じる。

283
モノ・サピエンス
物質化・単一化していく人類
岡本裕一朗
「人間の使い捨て時代が始まった」――体外受精、遺伝子操作、代理母など、九〇年代以降の「超消費社会」に起きた現象を通じて、「パンツをはいたモノ」と化した人類の姿を探る。

301
ベネディクト・アンダーソン
グローバリゼーションを語る
梅森直之　編著
大ベストセラー『想像の共同体』から二四年。グローバル化を視野に入れ新たな展開を見せるアンダーソンのナショナリズム理論を解説。混迷する世界を理解するヒントを探る。

314
ネオリベラリズムの精神分析
なぜ伝統や文化が求められるのか
樫村愛子
グローバル化経済のもと、労働や生活が不安定化していくなか、どのように個人のアイデンティティと社会を保てばいいのか？　ラカン派社会学の立場で、現代社会の難問を記述する。

光文社新書

010 **DV《ドメスティック・バイオレンス》——殴らずにはいられない男たち** 豊田正義

'01年10月13日「DV防止法」施行により、DVは「夫婦げんか」ではなく「犯罪」となる。加害者・被害者双方の声をもとに、DV問題の本質をあぶりだす初めての試み。

057 **僕はガンと共に生きるために医者になった** 肺癌医師のホームページ 稲月明

手術不能の肺癌を宣告された医師が、患者のために、患者の家族のために遺した最後の仕事。癌と共に生きるための知恵に満ちている「一級のノンフィクション」。

094 **人格障害かもしれない** どうして普通にできないんだろう 磯部潮

何か過剰な人たちの闇と光——人が自分から離れていくのはどうしてだろう? 現代に生きる私たち誰もが感じる「心の闇」を解き明かす。

101 **生体肝移植を受けて** 癌告知から八四〇日の闘い 是永美恵子

突然の肝臓癌の発症、手術、再発、手術不適応、抗癌剤治療、そして副作用……。希望を失いかけたとき、弟から一通の手紙が届いた……。最先端医療に立ち向かった患者と家族の記録。

116 **食の精神病理** 大平健

精神科医として長年「食」を観察してきた著者が、絵本をテキストに、洞察をひろげていく。わたしたちの「食」は、「身体の自分」と「本当の自分」、ふたりの自分の葛藤だった。

145 **子供の「脳」は肌にある** 山口創

「心」はどう育てたらよいのか——。どんな親でも抱く思いに、身体心理学者が最新の皮膚論を駆使して答える。子供の「心」をつかさどる脳に最も近いのは、じつは肌であった。

218 **医者にウツは治せない** 織田淳太郎

うつ病での入院体験を持つ著者が、医者や患者など、うつ治療の最前線を徹底取材。薬に頼らずうつを克服する方法は、意外なところにあった。年間自殺者三万人時代の必読書。

光文社新書

162
早期教育と脳
小西行郎
「三歳児神話」と相まって過熱する早期教育。しかし、乳幼児の脳について科学的に解明された部分は少ない。行きすぎた早期教育に警鐘を鳴らし、「普通の育児」の重要性を説く。

208
英語を学べばバカになる
グローバル思考という妄想
薬師院仁志
英語ができれば「勝ち組に入れる」「国際人になれる」「世界の平和に貢献できる」――日本人にはびこるそんな妄想を、気鋭の社会学者がさまざまな角度から反証、そして打ち砕く。

217
名門高校人脈
鈴木隆祐
日本全国から歴史と伝統、高い進学実績を誇る名門約三〇〇校を厳選。校風、輩出した著名人約一七〇〇人を取り上げ、その高校の魅力と実力を探っていく。

222
わかったつもり
読解力がつかない本当の原因
西林克彦
文章を一読して「わかった」と思っていても、よく検討してみると、「わかったつもり」に過ぎないことが多い。「わからない」より重大なこの問題をどう克服するか、そのカギを説いていく。

233
不勉強が身にしみる
学力・思考力・社会力とは何か
長山靖生
学力低下が叫ばれる中、今本当に勉強が必要なのは、大人の方なのではないか――国語・倫理・歴史・自然科学など広い分野にわたって、「そもそもなぜ勉強するのか」を考え直す。

291
なぜ勉強させるのか？
教育再生を根本から考える
諏訪哲二
学ぶ姿勢のない生徒。わが子の成績だけにこだわる親――教育再生のポイントは、学力以前の諸問題を見据えることだ。「プロ教師の会」代表が、教職四十年で培った究極の勉強論。

318
最高学府はバカだらけ
全入時代の大学「崖っぷち」事情
石渡嶺司
日本の大学生はみんなバカで、大学はどこかアホっぽい――定員割れ続出の「全入時代」に生き残る大学はどこ？　大学業界の最新「裏」事情と各大学の生き残り戦略を紹介する。

光文社新書

221 **下流社会** 新たな階層集団の出現　三浦展

「いつかはクラウン」から「毎日百円ショップ」の時代へ——。もはや「中流」ではなく「下流」化している若い世代の価値観、生活、消費を豊富なデータから分析。階層問題初の消費社会論。

237 **「ニート」って言うな!**　本田由紀　内藤朝雄　後藤和智

その急増が国を揺るがす大問題のように報じられる「ニート」。日本でのニート問題の論じられ方に疑問を持つ三人が、各々の立場からニート論が覆い隠す真の問題点を明らかにする。

269 **グーグル・アマゾン化する社会**　森健

グーグルとアマゾンに象徴されるWeb2.0の世界は、私たちの実生活に何をもたらすのか? 多様化、個人化、フラット化の果ての一極集中現象を、気鋭のジャーナリストが分析・解説。

285 **次世代ウェブ** グーグルの次のモデル　佐々木俊尚

マウスイヤーでさらに加速度を増すネット業界は、早くも次のステージに移ろうとしている——気鋭のジャーナリストが豊富な取材で探るWeb3.0時代のビジネスモデルとは?

298 **メディア・バイアス** あやしい健康情報とニセ科学　松永和紀

センセーショナルな話題に引っ張られるメディアの構造、記者・取材者の思い込み——さまざまなメディア・バイアスの具体例をもとに、トンデモ科学報道の見破り方を解説する。

302 **ｉＰｈｏｎｅ** 衝撃のビジネスモデル　岡嶋裕史

アップルの新製品ｉＰｈｏｎｅは、単なるｉＰｏｄ付き携帯電話ではない。そこには、「稼げるＷｅｂ２・０」の創出というビジョンがある。気鋭の研究者がウェブの未来図を描く。

316 **下流社会　第2章** なぜ男は女に〝負けた〟のか　三浦展

全国1万人調査でわかった!「正社員になりたいわけじゃない」「妻に望む年収は５００万円」「ハケン一人暮らしは〝三重楽〟」。男女間の意識ギャップは、下流社会をどこに導くのか?